JN113349

百年間のカウントダウン

——創世記を味わう　第5章〜第7章——

【師父たちの食卓で 3】

ジュセッペ 三木 一【著】
佐藤弥生【訳】
松島雄一【監修】

YOBEL,Inc.

島　しづ子先生へ　本書を献ぐ

凡例にかえて

＊正教信徒になじみ深い名前として、本書で用いるのはイイスス・ハリストス（イエス・キリスト）と聖神（せいしん）（聖霊）にかぎります。他の人名、地名、神学用語については、一般の表記に準じております。

＊巻末に日本正教会が用いている「正教会の用語早見表（対照表）」を附した。

＊また、引用される聖書本文は一般の読者に配慮して、固有名詞の他は新共同訳聖書を用いた。ただ文脈から必要とされる場合は、著者が親しんできたフランス語訳、イタリア語訳聖書などを翻訳して用いていた。

百年間のカウントダウン
——創世記を味わう　第5～7章——

神よ、わたしを救ってください。
大水が喉元に達しました。
わたしは深い沼にはまり込み
足がかりもありません。
大水の深い底にまで沈み
奔流がわたしを押し流します。

——詩編69編2、3節

序文

①「鎖」本との出会い

本書は**聖書の本来の読み方**を試みようと書かれたものです。聖書は一人の人が、また、一つのグループが書いたものではなく、信仰する民によって千年以上にわたり、書かれました。著者の名前が伝えられているものもありますが、それを聖書に入れるかどうかを決めたのは**信仰の共同体**です。聖書の性質がそうであるなら、千年以上の間で、東西南北を問わず行なわれた読み方が一番ふさわしいと伝えたいのです。

印刷機が発明（製作）されるまでは、聖書はほとんど人の手にわたることなく、共同体の集会の中で読まれ、説明されるものでした。

しかしどうしたら、あれほど何世紀にもわたって、多くの人によって書かれた聖書を、自分という限られた人としてではなく、広い共同体の一人として読むことが出来るでしょうか。そのような意味で、むかしの人々も同じように自問していました。それに答えたのは7世紀のパレスチナのガザの人、**プロコピオス**でした。かれは一枚の紙の中央部に太い字で聖書の言葉を写し、まわりに小さな字で色々な解釈を書きました。時代や出身や考え方が異なる**師父たち**の、その節その節についてのことばをそえたのです。この**書き方**はたちまち普及して一つのジャンルになり、後に「**鎖**」と名づけられました。

15～16世紀まで、ギリシャ語で、シリア語で、ラテン語で多くの「**鎖**」が書かれましたが、どういうわけか、その後新しいものはほとんど現われませんでした。

しかし最近、30年ほど前から、ヨーロッパやカナダで「鎖」らしい本が出始めました。わたしはこのジャンルを知りませんでしたが、偶然に二冊見つけて購入しました。一冊は1995年に出版されたウンベルト・ネリの“Genesi”（創世記）、もう一冊は“Bereshit”（創世記）、イタリアのユダヤ人共同体の創世記の「鎖」で、2006年に出版されました（第二巻『アベルのところで命を祝う』27頁図版参照）。

この二つの「鎖」と後で示す資料を参考にして、前に出した二冊の本（『師父たちの食卓で　創世記を味わう　第1章～第3章』『アベルのところで命を祝う　創世記を味わう　第4章』）に続いて、この本も書きました。

②告白

学者でもないわたしが、創世記の一部について「鎖」らしいものを書き出したきっかけを伝えることによって、読者がどのような心もちで読めばよいかを表してみたいと思います。

18年前に重い障がいをもった孫が生まれました。その時、長い忍耐の年月が始まろうとしていると思い、重荷をになう心になりました。

しばらくして聖書を初めから読んでみようと思い始めました。もちろんすでに、特に福音書と詩編を読んでいましたが、今回は何かがちがっていました。

ことばを一つ一つ、ゆっくり、先をいそがずに、まるで草原に落としてしまったものをさがす人のように、同じところに何度ももどって読みました。雪国の三月の雪解けのように、言葉がポツンポツンとしたたり、まだ雪におおわれている四月の山の杉の枝が突然はねて雪をとばすように、聖書の別々のことばや、読みかえすうちに、三、四人の師父の言葉が浮かんではつながってきました。一人なのに何人かにかこまれて読んでいるような感じがしていました。

その思いを整理する為に、**イタリア語**で書きはじめました。

最初の部分の訳を松島雄一神父さん（当時名古屋の正教会の司祭、現在大阪）に読んでいただいて、「本にしましょう、続けてください」と言われましたので参考にする資料を増やしました。

しかし、初めに示された気持ちは変わらないままでした。それはまずひっそりと神のことばに向き合うことです。多くの人（先輩＝師父たち、聖書学者たち）にかこまれて、すばらしい景色をながめることです。読者の皆さんも同じ気持ちで読んでくだされば幸いです。最後まで読み、また読みかえすことが何度もあるかも知れません。

③「師父たちの食卓で」というシリーズの今後

最初の本は、２０１５年に『師父たちの食卓で』創世記を味わう（第1章～第3章）。次の本は２０１９年『アベルのところで命を祝う』創世記を味わう（第４章）で、この本は三冊目になります。主（しゅ）が力と時間をくだされば、**創世記11章**まで続けたいと思います。

④名前の綴り方について

日本の正教会は他の正教会と同じようにギリシャ語を元にしているので、聖書の中の本の題名や人物の名前の綴り方が、ラテン語を元にしている他の教会と異なることがあります。その為に、読者がとまどいを感じないように、この本では『聖書 新共同訳』に固有名詞を合わせました。（今回も巻末に正教会用語早見表を付けました）

ただし、例外が二つあります。イエス・キリストではなく「**イイスス・ハリストス**」を用います。唯一、正教会の中でローマ字をつかうルーマニア正教会では、ギリシャ語をなぞって、「**Iisus Hristos**」と綴ります。

もう一つの例外は、聖霊ではなく「**聖神**（せいしん）」を用います。日本正教会で、明治時代に翻訳を担った漢文の漢学者の中井木菟麻呂（つぐまろ）（1855 - 1943, 聖名はパウェル）は、「霊」という字はふさわしくないとしました。

⑤神学用語について

正教会で使われている「**藉身**（せきしん）」は「**受肉**」として、「**機密**（きみつ）」は「**秘跡**」という一般的な言い方にしました。

そして「**人は神の像と肖**（かたどり）**である**」という言い方を、「**人は神のかたちと似姿である**」に変えました。なぜなら「像」という言葉はいろいろな意味に使われているからです。

そこで、読者はこの本を読む前に、ここで言われる「**かたち**」や「**似姿**」とは何であるかを知っておいた方がよいと思います。

まず創世記1・26のことばがあります。「我々にかたどり、我々に似せて、人を造ろう」。このことばの意味は『師父たちの食卓で』の54頁以下から説明されていますが、ここで短く正教会の理解を伝えたいと思います。

人は**神のかたち**（イメージ、像、かたどり）であるとは、神が自分の目的に合ったかたちに造ったということです。そして**その目的**は、人が自分（神）の相手になるようにです。「造りたてのたんす」と建具職人が言うように、神の造りたてのかたちと思ってもよいでしょう。どの人もそうであり、そのために尊ぶべきものです。どの人も大きな可能性をもっています。そのために主イイススは、どんな人にも「わたしの父のように完全であわれみぶかいものになりなさい」（マタイ5・48、ルカ6・36）と言うことができたのでしょう。

「人は神の似姿（肖）であるとは、その人その人が自分の選択で、自分の生き方によって、少しずつ神に似ていくことです。神のかたちをしていても、人は神に引かれて、似（に）ていこうとしなければ、あるいは（もっと残念なことに）その望みさえ消えてしまったら、その人の人生は失敗に終ります。

失敗と言えば**罪の話**になります。

⑥罪について

どの人も「神のかたちに造られた」なら、自分の生き方によって神の似姿になることが、自分の人生の目的となるでしょう。すると**罪は的はずれなこと**です。ギリシャ語では罪のことを「ハマルティーア」と言って、「的はずれ」という意味です。罪は道徳と無関係ではありませんが、道徳ではありません。自分の内にある種から花を咲かせなかったということでしょう。種は「神の子となる」種で、「わが父よ」と言って、神に心を向けなおすだけで咲く種です。

今回この本で展開されているテーマは、創造された世界の中に悪が大発展を成しとげたという事実です。創世記6章では**悪霊たちの世界侵略**があり、**超人という者たちの誕生**があります。7章では**迫り来る終りに対しての民衆のふしぎな安逸の眠り**があります。人々はある種の無力におそわれて、そのまま続けば終りが来るとわかっているようですが、行動を起すことはありません。

いろいろなことを実現するために使っているあのエネルギーは、いったい何のためにあるのでしょうか。**師父たち**は世の罪は一つ、「**無知**」であると言い、それは神を知らないということです。

一人の師父、**マルコ修道士**のことばが自然に心にわき上がって来ました。

悪の強力な三人の巨人は、すでに言ったように、諸々の悪の母である無知とその姉妹、協力者、助手である忘却と、たましいに暗雲のような暗い衣と覆いを織り成す怠慢である。

（マルコ修道士『フィロカリアⅠ』邦訳書、新世社、２００７年、299頁）。

ノアの時代の人々は特別な悪いことをしていたわけではないようです。食べたり、飲んだり、結婚したり、買ったり売ったりしていました。（マタイ26・38～39）。しかし百年間続いた箱舟の建築というカウントダウンの時に、無知、忘却と怠慢の中にいたと思えます。

⑦無理解と不信

この本を書いている今、ウクライナとロシアのことで大変心をいためています。ウクライナの国民はすでに四百年前から深刻な分断の問題をかかえていましたが、１９３９年から１９５９年までの、戦中と戦後の出来事で溝がさらに深くなりました。西の国々がロシアを牽制するために、その分断の問題を利用しているとしか私には思えないのです。悲しみは悲しみを生むということは本当です。結果的にロシアが軍事侵攻するにいたりました。

わたしは多くのことを知らないし、この本のテーマを脱線したくないので、ここで一つのことだけを強調したいと思います。それは**西の国々と東ヨーロッパの国々がまったくちがう世界**であるということです。この違いは理解されておらず、この違いから**不信**がやってきます。普遍的と考えられている価値観の上に立って世界を見おろしている西側には無理解があり、ゆずれないものを守ろうとする東の方では不信があります。

イタリア人であり正教徒であるわたしの中に、無理解の根が残っていますが、不信を感じています。

この本で紹介しているフィロカリアは、西と東の裂け目の根元を現わしていると思います。それについて一言伝えたいと思います。

フィロカリアは東方教会の修道士たちの書きもののアンソロジーで、祈りのことを語る中で悪霊たちとの「内面的闘い」の必要性と経験を伝えます。４世紀の「修道生活の父」とされる**アントニウス**からほぼ14世紀の**グレゴリウス・パラマス**までの選ばれた書きものから成っています。

14世紀には、西ヨーロッパで、特にイタリアで、ヘレニズム（古代ギリシャの文化）の世界、その哲学と美術が人々の思いの中に復帰しました。その結果、ギリシャ哲学とキリスト教の新しい合成体が生まれました。哲学をいかしながらキリスト教を教えなおす幾人かが新しい流れをギリシャに入れようとして、伝統的に哲学に対して不信感をいだく修道士たちの祈り方を笑いものにしたほどでした。

そこでアトス山の修道士であり、テサロニケの主教であった**グレゴリウス・パラマス**が、聖書と師父たちにもとづいて反論した結果、１３４１年にギリシャ正教の会議が、きっぱりとルネサンスの始まりであった文化を拒否しました。

１３４１年の会議の決定は歴史的なできごとです。前例（５５３年の反プラトンと１０７６年のヨアン・イタロスの破門の時）がありますが、14世紀の決定は、拒否したのは巨大なものでしたので、はるかに重いできごとでした。その影響は今日にいたります。

15世紀から五百年間、ギリシャとバルカン半島がオスマン帝国のもとで生き続け、ある意味で正教会が守られた。

反対に西の国々の発展はすさまじいものでした。経済と政治の面で言えば、シルクロードよりも航路が主な道となり、長い植民地時代が始まりました。富が集中しました。その波にのって教会は宣教活動を進めました（背景はどうであれ、**聖神の働き**があります)。

産業革命で人と人との分断が進みました。テクノロジーによって力の差が増大しました。軍隊、財政界、教育の三つをたばねる近代国家が生まれました。そして革命を美化し、世界の発展を論じることが一般的になりました。何よりも哲学の発展はすさまじいものでした。最初(14世紀)哲学は神学の助手の役割をしていました(Philosofia ancilla Theologiae) がたちまち独立して西の世界の歩みを指導するものとなりました。

特に哲学によって発展したのは**自由の概念**ではなかったかと思います。

北アフリカで、子どもむきのコーラン学校で自由を教える話を聞きました。

「鳥の自由は飛ぶこと、馬の自由は草原を走ること、人の自由は神の方へ飛んだり、走ったりすることです。飛ぶことをさまたげられた鳥は不自由で、走ることをさまたげられた馬は不自由です。神の方へ飛んだり走ったりすることをさまたげられた人は不自由です。人を不自由にするものを言ってみて……それを退けなさい」。

わたしはこの話を日曜学校で何度もしたことがあります。

差し出されるパッケージの外がわに「**自由**」と書いてあるが、中に何が入っているでしょうか？　トロイの馬のようなものではないだろうか。その中から町をほろぼすものが出ては来ないだろうか。不信がつのるのも無理はありません。

危機的で終末論的な時代

フィロカリアを日本語に訳したチームの一人、**宮本久雄**(1945-、日本の神学者・哲学者。東京大学名誉教授。東京大学教養学部教授・上智大学教授を経て、東京純心大学教授。カトリック教会司祭ドミニコ会修道士。)さんが、わたしたちが生きているこの時代を「危機的で終末論的」であるとたんたんと書きましたが、それはおそらく、その思いが一般の日本人の心にひそんでいることを認識しているからでしょう。
この序文を最後まで読んでくださった皆さん、自分の中に潜む思いを知るために、この本と共にしばし瞑想してみてはいかがでしょうか。

２０２３年4月9日　イースター

ジュセッペ　三木　一

参考文献

●5章〜7章

UMBERTO NERI "Genesi" E. D. B. Bologma １９９５年
SHLOMO BEKHOR AVIGAIL HADAD DANON "Bereshit" Avishay Namdar ２００６年
RASHI DI TROYES "Commento alla Genesi" Marietti ２０１１年

●6章

TALMUD（タルムード）　エルサレムの神殿破壊後、ラビ・ヨハーナン・ベン・ザッカイは、ジャムニアという町で、ラビたちの養成の為の学校を成立しました。現代にいたる神殿なしのユダヤ教の始まりです。二百年後（２８０年）ラビ・イエウダは、蓄積して来た教えを集めて「ミシュナー」（くりかえし語っておぼえる）を書きました。ミシュナーを解釈する莫大な書きもの（ゲマラ）が発展しました。５００年頃ミシュナーとゲマラを一つにしたタルムードが生まれました。わたしはタルムードのアンソロジーをもっているだけです。

A. COHEN "Il TALMUD" Bari -La Terza- １９８６年

URS VON BALTHASAR "Liturgia cosmica" Massimo il confessore Jaca Book ２００７年

MASSIMO IL CONFESSORE "Ambigua" Claudio Moreschiui 訳 Bompiani ２００３年

ATANASIO DI ALESSANDRIA "Vita di Antonio" Paoline １９９５年

ECRITS INTERTESTAMENTAIRES　内 "Henoch" Gallimard １９８７年

フィロカリア、新世社、２００７年

●7章

AELRED SQUIRE "Alla scuola dei padri" Queriniana １９９０年

IOANNIS ZIZIOULAS "L''essere ecclesiale" Qiqaion ２００７年

この本に引用されている師父たちの紹介

●ギリシャ語

プロコピオス（7世紀）。「釈義の鎖」をはじめて書いた人。

オリゲネス(185 - 253 アレクサンドリア)。天才的な師父で、聖書のすばらしい解釈を多く書きました。ギリシャ哲学とキリスト教の合成をこころみたので、５５３年に彼のいくつかの教えが教会の会議によって退けられました。

マクシモス（580 - 662）。師父たちの時代をしめくくる偉大な師父です。

キュリロス（376 -444 アレクサンドリア）。

デデモス（４世紀）。目の不自由な先生で、アレクサンドリアの大学で主に詩編を教えていました。**プロコピウス**がそのことばをよく引用します。

フィロ。ユダヤ人であるが、その聖書の霊的解釈がオリゲネスに影響しました。

●**シリア語**

インダート（７世紀）。シリア語の「鎖」を書きました。

エフレム（306 - 373）。シリアの教会がかれのことを「聖神の竪琴」と呼びます。ビサンティンの教会は影響されて、その歌が多くとり入れられました。ニッベとエデーサに活躍しました。

●**ラテン語**

アウグスティヌス（354 - 430）。カトリック教会とプロテスタント教会にもっとも影響をおよぼした師父です。

アンブロジウス（334 - 397）。ラテン語を使う師父の中で、かれはもっともバランスのとれた信仰を伝えます。ミラノの司教です。

聖カロのウゴ（1200 - 1263）。師父ではないが、生きていたその時代の中で誰より、聖書を聖書のことばで理解しようとつとめました。

ベダ（672 - 735）。創世記の解釈を４冊の本にまとめました。イングランドの教会に師父たちの伝統を伝えようと願っていました。

ルペルト（12世紀）。聖書の解釈の本を沢山書いたが、その中の創世記のものが特に深いものをもっています。

●**プロテスタント**

ルター。かれは創世記を語る三つの本をのこしています。ヴィッテンベルグ（Wittenberg）で行った授業が本になったので、ルターの熱のこもった声が聞こえてくるような感じです。

カルヴァン。机に向かって書いた創世記の解釈には、ルターほどの熱はこもっていないが正確さがあります。

●**現代**

フォン・ラート（Gerhard von Rad, 1901 - 1971）。聖書学者として書いた「創世記」には学問的なものと共に、信仰を養うものも多くあります。

ツィンメールリ（Walther Theodor Zimmerli, 1907 – 1983）。学者的な理解と伝統への愛を持ち合わせています。

●**ユダヤのラビ**

ラシ（シェロモ・ベン・イサク 1040 - 1105）。フランスのシャンパーニュ地方の人で――タルムードの最大の解釈者です。わたしはかれの創世記、出エジプトと雅歌の解釈の本をもっています。

ラビ・イスラエリ・バール・シェム・トヴ（1698 - 1760）。ハシディズムの成立者。

自己紹介

僕がどんな人かと不思議に思う人のために、そんな疑問に気が散って本書に向かい合えなくなってしまわないよう、簡単に自己紹介します。

- 一九四三年、ローマで生まれる。名はアバテ・ジュセッペ。
- 一九六三年、回心の恵みを受けました。
- 一九七一年、来日。「福音の小さい兄弟会」の修道士として東京に。来日の前の八年間は、修道士の見習いと、三年間の神学の勉強をローマのグレオリアーナ大学で学びました。生きるための基本的な習慣を身につけて　今に到ります。最も大切で幸せな時。
- 一九八〇年、修道会を退会して名古屋へ移り、名古屋教区のカテキスタ会に入り、教区レベルの日曜学校に自分の仕事を持ちながら協力しました。（～二〇〇五年）
- 一九八一年、結婚。二年後三木一という名前で日本人になりました。
- 一九九四年、名古屋から知多半島の阿久比町（あぐいちょう）へ。
- 一九九五年、聖書を読む集会を始め、今日に到る。一〇人くらいのグループにプスチニア（「砂漠」から転じて「祈りの家」）と名付ける。
- 二〇〇五年、正教会の信徒になる。半田市乙川の半田正教会に所属する。やがて相次いで、聖書の会のメンバー七人が正教徒となり、他のメンバーも学びを続けています。

百年間のカウントダウン

―創世記を味わう　第5～7章―

目次

創世記を味わう　第5章　*29*

8節　セトは九百十二年生き、そして死んだ。
9節　エノシュは九十歳になったとき、ケナンをもうけた。
10節　エノシュは、ケナンが生まれた後八百十五年生きて、息子や娘をもうけた。
11節　エノシュは九百五年生き、そして死んだ。
12節　ケナンは七十歳になったとき、マハラルエルをもうけた。
13節　ケナンは、マハラルエルが生まれた後八百四十年生きて、息子や娘をもうけた。
14節　ケナンは九百十年生き、そして死んだ。
15節　マハラルエルは六十五歳になったとき、イエレドをもうけた。
16節　マハラルエルは、イエレドが生まれた後八百三十年生きて、息子や娘をもうけた。
17節　マハラルエルは八百九十五年生き、そして死んだ。
18節　イエレドは百六十二歳になったとき、エノクをもうけた。
19節　イエレドは、エノクが生まれた後八百年生きて、息子や娘をもうけた。
20節　イエレドは九百六十二年生き、そして死んだ。
21節　エノクは六十五歳になったとき、メトシェラをもうけた。
22節　エノクは、メトシェラが生まれた後、三百年神と共に歩み、息子や娘をもうけた。

目次

法が地に満ちている。見よ、わたしは地もろとも彼らを滅ぼす。　*64*

不法（iniquitas）について　*66*

14節　あなたはゴフェルの木の箱舟を造りなさい。箱舟には小部屋を幾つも造り、
内側にも外側にもタールを塗りなさい。　*70*
15節　次のようにしてそれを造りなさい。
箱舟の長さを三百アンマ、幅を五十アンマ、高さを三十アンマにし、　*72*
16節　箱舟に明かり取りを造り、上から一アンマにして、それを仕上げなさい。
箱舟の側面には戸口を造りなさい。また、一階と二階と三階を造りなさい。　*73*
17節　見よ、わたしは地上に洪水をもたらし、命の霊をもつ、すべて肉なるものを天の下から滅ぼす。
地上のすべてのものは息絶える。　*75*

目次

13節　まさにこの日、ノアもその息子セム、ハム、ヤフェト、ノアの妻、この三人の息子の嫁たちも、
箱舟に入った。 *120*

14節　彼らと共にそれぞれの獣、それぞれの家畜、それぞれの地を這うもの、
それぞれの鳥、小鳥や翼のあるものすべて、 *121*

15節　命の霊をもつ肉なるものは、二つずつノアのもとに来て箱舟に入った。 *122*

16節　神が命じられたとおりに、すべて肉なるものの雄と雌とが来た。
主は、ノアの後ろで戸を閉ざされた。 *122*

17節　洪水は四十日間地上を覆った。水は次第に増して箱舟を押し上げ、
箱舟は大地を離れて浮かんだ。 *123*

18節　水は勢力を増し、地の上に大いにみなぎり、箱舟は水の表を漂った。

百年間のカウントダウン——創世記を味わう 第5章——

第5章は第4章に続くものでありながら、今までの話をリセットしたかのように始まります。テーマは**アダムの系図**です。つまり、アダムがどこから生まれ、どこへ進むのかをテーマにしています。
アダムが神のかたちとして造られたことがアダムの源です。今まで語られた罪や追放などの出来事は記されていませんが、忘れられたわけではありません。アダムが神のかたちに造られたと語ることで、**創造主の意図**は変わっていないと言わんとするかのようです。どんな罪も失敗も、神の最終的な目的を変える力はありません。しかし**目的に至る道**が変わりました。第5章の終わりでは**ノアの話**が始まります。

1節　これはアダムの系図の書である。神は人を創造された日、神に似せてこれを創られ、

聖カロのウゴ
『『系図』マタイ福音書の始まりは『イイスス・ハリストスの系図』となっている。創世記では地でできたアダムのことを語り、マタイでは天のアダム（ハリストス）のことを語っている。『私たちは、土からできた人の似姿になっているように、天に属する人の似姿にもなるのです』」。（コリント一15・49）

アウグスティヌス
『『系図』創世記を書いた人は、アダムからカインを経ずにセトへと続く系図を語ることによって、一気にノアに至ることを望んだ。ノアの時に洪水が起こり、ノアからアブラハムに至る新しい系図が始まる。マタイは、そこから出発し神の町の王であるハリストスに至る系図を書いた」。

ベダ

『神の似姿にした』人間が神のよさに属することによって、永遠に良いものであり、不死と幸せであるように造った……ところが人は創造主よりも自分の敵を信じて、神の似姿を踏みつけた……しかし、創造主が我々人間の姿で生まれ、我々の呪いと死を自分のものとすることによって、我々が自分の似姿と祝福に戻るようにした」。（Ⅱ92）

ルター

『神に似せて』人間は完全な神のかたちと似姿によって造られたので、もし罪を犯さなかったのなら、永遠の喜びの内に生きて、進んで神に従うという明るい意志を持っていたであろう。しかし罪のために、神のかたちも似姿も失った……パウロは、神のかたちと似姿が信仰のおかげでかろうじて戻ってきたと言う。信仰のおかげで神が知られるようになり、ハリストスの霊が信じる人を助け、神の掟に従う望みをくれる。しかし私たちはこの贈り物の初物しか持っていない。この新しい創造は、この肉にいる限り完成しない……完全な似姿になることは、死によって罪の肉が滅ぼされた後の来世でしか実現しない」。（『創世記42』）

ベダと**ルター**の文にある微妙な違いを確認したいと思います。**ベダ**によると、**主の受肉によって**神のかたちと似姿が戻りました。人は信仰によって、戻って来た神のかたちと似姿になることができます。**ルター**によると、神のかたちと似姿は**信仰によって**、しかも初物としてのみ戻ります。そして『罪の肉』という表現が繰り返し現れます。一人一人の信者の混乱に満ちた信仰の道を思わせます。

2節　男と女に創造された。創造の日に、彼らを祝福されて、人と名付けられた。

カルヴァン

「二人を『人（単数）』と呼んだ。この表現は結婚の聖なる絆を讃えている。……後世の人々がこの聖なる絆を重んじ、守るように」。

3節　アダムは百三十歳になったとき、自分に似た、自分にかたどった男の子をもうけた。アダムはその子をセトと名付けた。

第1節では神が人に与えた神のかたちと似姿について語られ、第3節ではアダムが息子セトに伝えたかたちと似姿が語られます。大切なのは、第1節と第3節に、創世記1・26〜27にある「神のかたちと似姿」という基本的な言葉が繰り返されていることです。アダムはセトに変形したかたちと似姿を伝えました。変形してしまったのは罪の結果ですが、本来の記憶や最終的なものへの望みは残っています。

神は与えた贈り物を取り上げたりはしません。いったん取り上げたとしても、再び与えます。しかし、試練のあと、流罪ののち、はるかかなたの砂漠で与えるのです。人に拒否された贈り物はもっと素晴らしいものとして現れます。

シリアのイソダート

「アダムは神のかたちに造られた……しかし、戒めに従わず死にゆくものとなったので、神はアダムだけではなく、その子孫にも神のかたちと似姿を与えた。それは、われわれの主イイスス・ハリストスによって完全な神のかたちと似姿がもたらされる時までのことだった」。

ベダ

「神のかたちと似姿に造られたアダムは、罪のあとで神のかたちと似姿を自分に合ったものに変形させ、自分にかたどった子をもうけた。ようするに死にゆくものとして、理性を持ちながら罪の結果を受けることを余儀なくされたものとして、創造主の恩寵にのみ救われるものとして、子をもうけたのである」。

ルターはイソダートやベダと似たことを言っていますが、微妙に調子が異なります。

ルター

「アダムは神のかたちと似姿に造られたが、そのかたちの中に留まらず、罪を犯してそれを失った。セトは罪の下に生まれたため、神のかたちではなく、父アダムのかたちが伝えられた。そのかたちには原罪と、罪ゆえの永遠の死が申し渡されたことが含まれている。しかし、アダムがのちに来る約束の種への信仰によって神のかたちを取り戻したように、神のことばによって大人になったセトにも似姿が刻まれた」。

『タルグム（ヨナタン）』

「カインはアベルを殺して追放されたので、その子孫は系図に載っていない」。

4節　アダムは、セトが生まれた後八百年生きて、息子や娘をもうけた。
5節　アダムは九百三十年生き、そして死んだ。

カルヴァン

『『死んだ』という言葉が一人一人に書かれているのには意味がある。死が人間に申し渡されたことを強調している。（『創世記3・19』）……神のかたちは私たちの内から消え、または忘れられ、かろうじて小さな命が残っている。その小さな命は、死へ向かって走るという定めを持っている」。

6節　セトは百五歳になったとき、エノシュをもうけた。

アウグスティヌス

「カインの子孫が次の世代をもうけた年齢は書かれていない。やはり神の聖霊（聖神）はこの世の街の記憶を残さず、天の街の記憶を大切にした」。

7節　セトはエノシュが生まれた後八百七年生きて、息子や娘をもうけた。

アウグスティヌス

「ヘブライ語聖書の写本と我々の写本にはかなりの違いがあるが、その理由はわからない。『間違い』ともいえるこの相違は一貫して全体に現れるので、偶然によるものではなく、意図されたものだといえよう。明らかに写し間違えた場合を除いて、翻訳者ではなく預言者として、自由に、違うことを書いたと思うべきである」。

8節　セトは九百十二年生き、そして死んだ。
9節　エノシュは九十歳になったとき、ケナンをもうけた。
10節　エノシュは、ケナンが生まれた後八百十五年生きて、息子や娘をもうけた。
11節　エノシュは九百五年生き、そして死んだ。
12節　ケナンは七十歳になったとき、マハラルエルをもうけた。
13節　ケナンは、マハラルエルが生まれた後八百四十年生きて、息子や娘をもうけた。
14節　ケナンは九百十年生き、そして死んだ。
15節　マハラルエルは六十五歳になったとき、イエレドをもうけた。
16節　マハラルエルは、イエレドが生まれた後八百三十年生きて、息子や娘をもうけた。
17節　マハラルエルは八百九十五年生き、そして死んだ。
18節　イエレドは百六十二歳になったとき、エノクをもうけた。
19節　イエレドは、エノクが生まれた後八百年生きて、息子や娘をもうけた。
20節　イエレドは九百六十二年生き、そして死んだ。
21節　エノクは六十五歳になったとき、メトシェラをもうけた。
22節　エノクは、メトシェラが生まれた後、三百年神と共に歩み、息子や娘をもうけた。

「神と共に歩む」という言葉は多くの人々を感動させました。他にも「神の前に歩む（従って歩む）」（創世記17・1）「神の後ろに歩む（つき従う）」（申命記13・5）という似た表現があります。「共に歩む」という言葉には、友情の絆、思いが通じ合う関係が感じられます。

ベダ

「エノクはすべてにおいて主の思いを受け入れ、その戒めに従った。神は彼の内に住み、心の有り様を教え導いた。彼は預言者が言うところの良い生き方をした。『人よ、何が善であり、主が何をお前に求めておられるかは、お前に告げられている。正義を行い、慈しみを愛し、へりくだって神と共に歩むこと、これである』（ミカ書6・8）。エノクは主の死と復活を信じ、自分を捨て、毎日、自分の十字架を背負って主について行くことによって、永遠の喜びを待ち望む人々を予示した」。

23節　エノクは三百六十五年生きた。

24節　エノクは神と共に歩み、神が取られたのでいなくなった。

プロコピオス

「『いなくなった』聖なるエノクがレメクに殺されないように、神が取った。エノクは死を見ることはないと信じたので、この恵みが与えられた（エフレムD. 124）。死の支配下にいながら死ななかったエノクは、死すべき者ではなかったのに罪のために死んだアダムをとがめる者だった（エフレムD. 126）。エリアもエノクも（二人とも神に取られたため死ななかった）、ハリストスのように死を滅ぼすことはできなかった。ハリストスは自分の内に人間の本質を作り直し、すべての人に死への勝利を与え、エリアとエノクの二人を後の世に全人類が復活するイコンにした（ディディモス）」。

イソダート

「『神が取られた』神がエノクを取ったのは全人類を慰めるためである。後の世で、すべての人々が肉体においで不死となり、魂において罪のないものとなることを伝えるためである」。

ベダ

「『エノクは神と共に歩み、神が取られたのでいなくなった』、見事な表現である。すでにこの世で神に従い共に歩んだ者が、後の世でも肉体においても魂においても最高の幸せと平和の内に生きるために『神と共に歩んだ』、つまりこの世からあの世に進んだのである。教会の信仰は、反キリストの時代が迫りくる時、エノクがエリアと共にこの世に再びやって来るとしている。二人の生き方を学ぶことによって、人々は滅びの子（反キリスト）による迫害に耐え、打ち勝つことができる」。（黙示録11・３～７）

ルター

「『神と共に歩んだ』とは、砂漠に逃れることでも、どこか片隅に隠れることでもない。神からいただいた召し出しに応じて前に進み出て、サタンやこの世の悪、不信仰に抵抗し、『女の種』（来るべき神の子）への信仰を現し、この世の宗教と欲望を否定し、ハリストスの力によってこの人生の後のもう一つの命を伝えることである。

『神が取られた』エリアを除いて（列王記下2・3）他の誰にもこのような言い方はされていない。神は、この世が始まってすぐに、自分の友のために、この世での人生の後に別の命を準備していることを一つの例で伝えたかったのである…約束された『女の種』への信仰を持つ人々は、死に向かう時にも希望を失うことなく、生き、そして神のもとに連れていかれるだろう、水の中から、火の中から、処刑台から、墓場からも」（ルター『創世記』）。

ツィンメルリ

「創世記の『神が取られた』という不思議で前後の脈略がない言葉が、新約聖書の中ではっきりと堂々と伝えられる。神の最終的なわざに対する暗示である。ハリストスの復活によって、神は死の世界を囲む城壁に決定的な突破口を開けた」。

『神が取られた』とは、何と幸いなことでしょう。ある人がある日、何の前触れもなく世界に背を向け、ひたすら神に向き始めます。一体何があったのでしょうか。彼自身にも説明できないし、する気もありません。理解されませんが、その必要を感じません。神が彼を取り、さらっていきました。彼はもういないかのようです。探したり邪魔してはいけません。

25節　メトシェラは百八十七歳になったとき、レメクをもうけた。

26節　メトシェラは、レメクが生まれた後七百八十二年生きて、息子や娘をもうけた。

27節　メトシェラは九百六十九年生き、そして死んだ。

28節　レメクは百八十二歳になったとき、男の子をもうけた。
29節　彼は、「主の呪いを受けた大地で働く我々の手の苦労を、この子は慰めてくれるであろう」と言って、その子をノア（慰め）と名付けた。

オリゲネス

「ノアは『安息』または『義人』を意味し……イイスス・ハリストスである。最初のノアには、父レメクの言葉『主の呪いを受けた大地で働く我々の手の苦労を、この子は慰めてくれるであろう』はふさわしくないだろう。実際、なぜノアが父レメクや地上の民に『安息』を与えると言えたのか。どうしてノアの時代に悲しみと苦労から解放され、地の呪いが解かれると言えたのだろうか。反対に、『人間を造ったことを後悔した』、『地上の生き物を消そう』（創世記６・６～７）と言うほど神は怒りを表した。生き物を絶やすほどの罪の大きさだった。一方、イイスス・ハリストスに目を向けると、『見よ、世の罪を取り除く神の子羊だ』（ヨハネ1・29）、『ハリストスは、わたしたちのために呪いとなって、わたしたちを律法の呪いから贖いだしてくださった』（ガラテヤ３・13）、『（イイススは言った。）疲れた者、重荷を負うものは、だれでもわたしのもとに来なさい。休ませてあげよう』（マタイ11・28）などと書かれている。主はまさに人間にとって憩いであり、世を呪いから解放した方である」（オリゲネス『創世記』Ⅱ31）。

ベダ

「『慰めてくれるであろう』レメクは預言的に、自分の子がどうなり、どれほどの徳を持つか、その時代の輩がどのように絶やされるか、洪水の後、ノアを介して神を恐れる者たちが新たにされることなどを予見した……古い訳では、『慰める』の代わりに『憩わせる』とある。その方が『憩い』という意味を持つノアの名にふさわしいだろう……ノアはイイスス・ハリストスのイメージである。主は聖神の光で私たちを慰める。『慰め主』とは聖神の名である…主は疲れた者たちを呼び、憩わせる。『疲れた者、重荷を負うものは、だれでもわたしのもとに来なさい。休ませてあげよう』（マタイ11・28）」。

ルター

「彼をノア、つまり『安息』と呼んだのは、彼を通して罪の呪いと罪自体からの解放が訪れることを望んだからである……この父祖たちはたいそうな聖人だった…彼らには来るべき聖なる種への大きな望みがある。それは彼らにとって最も大切なものであり、それを渇望し、約束されたメシアの到来を希求するのである」。

30節　レメクは、ノアが生まれた後五百九十五年生きて、息子や娘をもうけた。
31節　レメクは七百七十七年生き、そして死んだ。
32節　ノアは五百歳になったとき、セム、ハム、ヤフェトをもうけた。

第五章のまとめ

アレクサンドリアのキュリロス

「読者も気づいただろうが、カインの子孫の名前は世代順に示されてはいるが、セトの子孫のように、その生涯が何年だったかは言われない。聖書は、セトの子孫が何歳のときに子どもをもうけ、その後何年生きたかを厳密に伝えている。

正しく理解しようと努める者ならば、神が何を伝えたいのかがわかる。神にとって不正を行う者の人生は見るに堪えないということを。審判の時、ハリストスは彼らに『はっきり言っておく。わたしはお前たちを知らない』（マタイ7・23、25・12）と言うだろう。もちろん、すべてを知る方に知らないものはないが、不正な人々を知ってはいても、彼らを拒否する意味で知らないというのである。そのためにカインの子孫がどのぐらい生きたかを言わない。実際に、彼らは聞くに値することを何一つしなかったし、その行いが書かれたとしても、読む人には害になるだろう。そのために神に記憶されないのである。対して、聖人の人生を詳しく知ることはとても有用である。彼らに関することはすべて神の思いの内にあるからである……人の髪の毛一本一本までも数える主は、自分の者ならばもっと詳しく知り、心に懸ける。ゆえに彼らの人生の長さを記憶しないことがあろうか。『主は従う人に目を注ぎ』（詩編34・16）とあるように。

……使徒パウロが『信仰によって、エノクは死を経験しないように、天に移された。神が彼を移されたので、見えなくなった』（ヘブライ11・5）と言うように……ハリストスの降臨の時に、サタンは主への信仰に生きてきた人々を探すが、見つけられないだろう。神によってはるかに優れた命に移されるからである。

我らが主イイスス・ハリストスにおいて、死から永遠の命へ、自己中心的な思いから神に応えようとする望みへ、恥から栄光へ、弱さから力へ」。

第5章はあまり重要でないと見過ごされたり、単なるつなぎの章だと思われがちです。聖書の成り立ちを研究する学者たちは、この章がモーセ五書を形成する伝承の一つで、系図を重んじているとします。そういった研究は大切ですが、黙想して読んでいる私たちは、最終的にどのように捉えればいいのでしょうか。

この第5章が第4章と第6章に挟まれていることには意味があると思います。第4章では、カインの弟殺しによって世界に死の支配が出現しました。第6章では、カインの出来事以上に深刻な人類の堕落の物語があります。間に挟まれた第5章は重要な位置にあるのです。

第5章には神のかたちに創造されたアダムが再び出てきました。カインの系図はなく、セトの誕生とその系図が中心にあります。セトの子孫の中には不思議な人物である、神に愛され神に取られたエノクがいます。

神は自分が創造した世界をどんな災いにも耐えられるように準備します。神のこの思いはエノクにも現れますが、何といってもノアの誕生に示されます。その名前は救いを運びます。ノアの名は『慰め』や『安息』の意に解釈されますが、双方とも希望を持たせるものです。12世紀のラビ・ラシは、どんな解釈が正しいかを自著の『創世記』の中に書きました。ヘブライ語の動詞 Yenahamenu は、Yenahame と nu の二つの部分からできていて、その意味は『慰める』（Niham）というより『止める』（Nuah）という動詞に由来すると解釈しました。ノアによって苦労が止むだろう、つまり『安息』が来るということです。ベダはノアの名前が持つ2つの意味を知っていて、『安息』の方がよりメシアにふさわしいと考えました。

ノアの名前によって、ひそかに世界の安息と神の油注がれた方が登場します。第5章は、五百歳になったときにノアが3人の子をもうけたところで終わります。師父の書き物にはその解釈が見当たりませんでしたが、イスラエルの伝統にはありました。神はノアが五百歳になるまで子ができない者としました（Rabbah『創世記』26・2）。それは、もしノアがもっと早く子を得ていたなら、その子らは洪水の時にはすでに世界の悪に染まり、皆と同様に死ぬだろうと神が考えたからでした。神はノアに子を失う悲しみを与えたくなかったのです。

ルカ福音書のイイススの系図にはカインの名はなく、セトからアダムへ、そして神へとさかのぼります（ルカ3・38）。福音書から創世記へと聖書全体を渡す橋のようです。この第5章はこの偉大な橋を支える太い柱です。

百年間のカウントダウン——創世記を味わう　第6章——

1節　さて、地上に人が増え始め、娘たちが生まれた。
2節　神の子らは、人の娘たちが美しいのを見て、おのおの選んだ者を妻にした。
3節　主は言われた。「わたしの霊は人の中に永久にとどまるべきではない。人は肉にすぎないのだから。」
　　こうして人の一生は百二十年となった。
4節　当時もその後も、地上にはネフィリムがいた。これは、神の子らが人の娘たちのところに入って産ませた者であり、大昔の名高い英雄たちであった。

まず、20世紀半ばの戦争中に生まれ、歴史上まれにみる人類の悲しみと滅びに常に向き合っている者として、最初の4節に思いをめぐらせてみたいと思います。

第6章は、「さて」「そして」と訳される言葉で始まり、読者の注意を引きます。この言葉はタルムード（meghilla 103）が説明するように、**大きな悲しみ**や**災い**を予告する際によく使われます。イタリアのユダヤ人共同体で使われる聖書では、「E fu」つまり「**すると起こった**」という危機感が高まる表現で始まっています。一般的なイタリア語の表現ではありませんが、あえてヘブライ語聖書にある緊張感を表したかったのでしょう。第六章における大きな悲しみや災いとは、カインの弟殺しよりも深刻な出来事だと思われ、人類に広がった**もっと危険な堕落**を指します。

「地上に人が増え始め、娘たちが生まれた……」という書き出しの表現から、読者はかなり時間が過ぎたかのように感じるでしょう。しかし8節にノアが出てくるので、第五章の終わりと同じ時代の出来事です。テキストはこのような漠然とした表現を使って、私たちを**普遍的な時と場**に運ぼうとしているような気がします。その**普遍**

性が、創世記第11章までの特徴だと思います。

――巨人と超人――

神の子らは人の娘たちが美しいのを見て、好きなだけ自分の女にしました。（すべての日本語の聖書では「神の子は、おのおの選んだ女を妻にした」という訳になっていますが、ギリシャ語、ラテン語、フランス語、イタリア語の聖書ではどれも「人の娘たちの中から好きなだけ自分の女にした」と訳されています。ラシもイタリアのユダヤ共同体の聖書も同様です。）神の子（ヘブライ語原典『エロヒム』）は、神が創造した霊的なもの、つまり天使です。聖書は不自然な交わりが起こったことを示しています。天使には体がないのに、肉体を持つ女とどのように交わったのかを考えるのは論外です。問題は不自然な交わりにあります。神は多様な世界と生き物を創造しましたが、それぞれが自分に与えられた範囲の中で交わりを持つべきでした。天と地を分けた神は、「天にあるように地にも……」とあるように、いずれは天と地が交わることを望んでいましたが、早くもこのような形で交わってしまったので、大変な歪みが生じました。

フォン・ラート

「天使たちと娘たちとの交わりによって、創造主が人間に与えた以上の力、神的なエネルギーと生命力が生まれ、巨人が生まれた。書き手は巨人に言及する前に、まず神の思いを伝える。神が望まないことをした結果として、人がどれほど天の世界の力を得ても、人はあくまでも肉である。そして神は人の寿命を百二十歳に限った。罪が世界に蔓延していく。これはカインが犯した人間共同体の破滅を招く行為をはるかに超える深い罪である。神が定めた世界の秩序が決定的に乱れてしまった。不自然で不潔な交わりによって優れた人類が生まれるなどとは、これ以上に酷いことはない世界の変質であり、命あるものを死に導く衰退である」（フォン・ラート『創世記』）。

―― 精神力と美と体力を調合することの怖ろしさ ――

神の子らと人の娘たちとの不自然な交わりは、ナチズムに代表される**ファシズム**という現象を思い出させます。ナチズムは、卓越した精神力と肉体を目指したドイツ民族が他の民族を支配し導いていくことが歴史的使命だと考えました。その根底には、時代を追うごとに世界精神が発展し、それが歴史を形成し発展させるという哲学（ヘーゲル哲学）があります。

10歳の頃、母よりかなり年上のドイツ人女性が母にある話をするのを耳にしたことがあります。その女性が二十歳だった時の話でした。「ヒトラーの特別部隊のパレードを見ていると、私も友達もだんだんと無我夢中になっていった。格好良くて、強くて、非の打ちどころのない若者たち、まるで天使のようだった」。

ヒトラーは自分のイメージをかなり霊的なものとして形作っていました。結婚せず、中世に由来する**騎士道物語**との精神的つながりを匂わせ、特にパルシファルがグレイル（聖杯）を探し求める旅の物語を意識していました。こういった騎士道物語は主にケルト人の中で生まれましたが、13世紀には早くも中世ドイツの詩人ヴォルフラム・フォン・エッシェンバッハ（Wolfram von Eschenbach, ca. 1160/1180 - ca.1220）によって素晴らしいドイツ語で表現され、ワーグナーのオペラによってさらにゲルマン的なものになりました。

3節では天使と人の娘から離れ、**4節**ではまた現れます。その当時、地上には巨人たちがいました。天使と人の娘の間に生まれた者は優れた力を持っていて、ネフィリムつまり巨人と呼ばれました。人間に「産めよ、増えよ」という祝福の言葉が与えられたのは、神の思いに沿って世が作られていくためでした。ところが巨人は神のためではなく、天使たちのために生まれたと聖書は言います。自分のための世界を作っていく者たちでした。この巨人たちとは大昔の名高い英雄たちのことです。

大昔に生きていた（「その後も」と聖書は加えます）英雄たちの記憶が私たちから消えないのは、人々が自らの伝説的な時代にノスタルジーを感じている証拠です。古代ギリシャの詩人ホメロスやアイスキュロスが描いた英雄たち、カルデアの勇士ニムロド、中世の騎士道物語やゲルマンのサーガの登場人物たちはいつまでも人々の心を惹きつけます。

「その後も」と聖書が言うように、今でも英雄たちの姿は若者に影響を与え、異なる名前となって現れます。

聖書全体、特に福音書は、優れた能力を持つものへのあこがれを暴露し、そういった価値観を洪水で溺れさせたり、洗礼の水で清めます。しかし、神話はハリストスの再臨まで人間を誘惑し続けるでしょう。

——アダムの罪の最終的な姿——

証聖者マクシモスはアダムの罪を、神のかたちと似姿に造られたアダムと創造された世界の間の不自然な交わりとして語ります。この世界も人間も神が無から造ったものなので、どちらも被造物です。

しかし、世界の中で人間だけが神のかたちと似姿に造られました。では、世界と人間の関係とはどのようなものでしょうか。聖書では、造られたものはすべて人間のためのものであるが、人間は神のためにあると繰り返されます。

霊的なものとして神の相手になるように造られた人は、「人の娘（被造物）」を自分の相手に選び、交わりを持ち、その交わりの実を神のためのものではなく、自分のためのものにしました。それは「**フィラウティア**」、悪い「自己愛」の始まりです。

フィラウティアは原罪のもう一つの名前です。**マクシモス**はこの悪しき自己愛をこのように定義します。「フィラウティアは肉体への情熱的な愛である」（『フィロカリア』第二の百の断章８）。

したがって、１節から４節まではアダムの**罪の本質**を表していると理解してよいでしょう。**マクシモス**を熟読し、現代の人々に紹介した**ウルス・フォン・バルタサル**は、同様のことを『宇宙的典礼、証聖者マクシモス』の中でマクシモスを多数引用しながら書いています。

フォン・バルタサル

「多くのギリシャ人師父は原罪を『肉の罪』と見なすが、マクシモスはそれを違う言い方で表す。彼はアダムの罪を神の秩序への決定的な反乱であり、『傲慢(ごうまん)の罪』と見なす。なぜなら人は自由意思によって、人の二つの基本要素のうち、神の似姿であること（神との密接なつながり）ではなく、造られた世界とつながる自分の肉体を重んじたからである。『肉』が欲する原則に従うとは『光から目をそらす』（『アンビグア』1156c）ことであり、使うことより楽しみを重んじることである。『確かに神はすべてのものを創造し、それらを人間が使うように与えた。すべてがよいものであるが、我々は正しく扱うべきである。ところが我々は、自分の弱さと肉体的気質によって、愛の原則よりも肉体的気質に従うことを選んだ』（『禁欲への招き』

90・9161)。アウグスティヌスはこの変質した愛を『欲望（concupiscentia）』と呼んだが、マクシモスは『自己愛（フィラウティア）』と呼んだ。その中には切り離せない二つのもの、肉体的な愛と自己中心がある。霊的な自己中心が官能の領域まで滑り落ちるのである。ギリシャ修道的神学にとって、この『滑り落ちる』こととは単なる罪の結果や証拠ではなく、罪の本質である。神への反乱である。『(神を求めるが）神を待たず、神より早く（神が与える前に）、神の思いに沿わず、神のものを手に入れようとする』(『アンビグア』1156c）のである。言いかえれば、霊的なものに肉体的、一時的で、朽ちる食べ物を与え、その毒で殺すことであろう。アダムが期待していたこととは反対のことが起こった。霊が物質的なものを霊的にする（これは神が望んだことだった）代わりに、物質的なものが霊を物質的なものとした。『アダムは全世界を餌として死に投げ与えたようなものである。そのため死は活発に時代を超えて我々を食い続ける。そして我々は生き続けることはできず、腐敗した不自由な世界で死に飲み込まれる』(『アンビグア』1156c)」。

先程のナチズムの話と重ならないでしょうか。「天使たち」の罪はアダムの罪そのものですが、どの社会も、誰もが自分なりに繰り返す罪です。ナチズムはその一つです。

次に、師父たちの解釈を見ていきたいと思います。

プロコピオス

「『神の子ら』と書かれている。ある人たちは、反乱した天使たちのことだが、天使たちと人の娘たちが交わるのは自然に反しており不可能だと言う……しかし聖書は、セトとエノシュの子孫を『天使たち』『神の子ら』と呼ぶ。彼らの聖なる生き方のゆえである。一方、カインの子孫を『人』と呼ぶ。歌い踊り銅の道具を作っていた彼らは、人間のことしか考えていなかった」。

シリアのエフレム

「『神の子ら』とは、神と正しい関係を持っていたセトの子孫である。『人の娘たち』、つまりカインの娘たちはその肉体の美しさでセトの子孫を惑わせた」。

アウグスティヌス

「『神の子ら』とは、神に従って生きる人である。彼らは本質としては人の子だが、恩寵により別の名を得た。『人』とは、人間の思いに従って生きる人である。

『妻にした』人の発展により、神の町と人の町が混ざり、同じ不正に染まってしまった。神の子らは人の娘を欲し、妻にするために、自分の生き方を地上の社会に合わせ、聖なる社会の信心に基づいた生き方を捨てた」。

ベダ

「『神の子ら』とセトの子孫を呼ぶ。父の信心を手本として、清らかな心で神に仕えていたからである。『妻にした』セトの子孫は、カインの子孫と交わりを持つ以前は純潔な生き方を守っていたようである。しかし不正な肉欲にはまり…カインが受けた呪いを持つ身になった。そこで律法は、外国人の女と結婚しないように命じる。『外国人の女があなたの息子を誘って、外国の神に従わせることにならないように』」。（申命記７・４）

ルペルトはベダとほぼ同じことを書きましたが、外国人の女が危険である例としてサロモン（ソロモン）の話（列王記上11・1～2）を挙げました。

ルター

「『美しいのを見て』神とその言葉から目をそらし、人の娘たちに欲望の目を向けたという意味である。罪はいつも順を追って進む。第一の石板の戒め（神への愛の掟）を破るなら、必ず第二の石板の戒め（人への愛の掟）を無視することになる。このように神をないがしろにした後、自然の戒めを破り、好きなだけ女を手に入れた」。

『タルグム』

「彼らの行いは悪くなった。見よ、回心するように彼らには120年の時が与えられたにもかかわらず、回心しなかった」（『ネオフィティ』）。

プロコピオス

「神の霊は、物質的なものから離れて生きる人の内に住む。物質的なものの近くに留まる人は『肉』と呼ばれる。『肉の支配下にある者は、神に喜ばれるはずがありません…あなたがたは、肉ではなく霊の支配下にいます』」（ローマ８・８～９）。（ディディモスの言葉）

ルペルト

「『肉にすぎない』すべての人が肉に従って堕落した…そのために『わたしの霊、つまりわたしをかたどって創造された霊は人間の内に留まらない……』。霊的であったはずのものが肉でしかなくなった」。

ルター

「『肉にすぎない』私に抵抗する。彼は動物で、私は霊である。彼は自分の肉欲のままに進み、私の言葉を無視し、私の霊を憎み迫害する。

『120年』回心のためにかなり長い時間が与えられた。自分自身に戻り、罰から逃れることができるように」。

プロコピオス

「『彼らのために産んだ』神の子らは、女と交わることを避けていた時までは『天使』と呼ばれていた。しかし、肉欲にかられてカインの娘たちと交わるようになった。娘たちは神のためではなく、彼らのために子を産んだ」。

ルペルト

「『巨人…力強い…名高い…』つまり思い上がっている。『しかし、あなたたちも人間として死ぬ。君侯のように、いっせいに没落する。』」（詩編82・7）

エノク書は、ダニエル書と同じ時代の紀元前200年頃、旧約聖書の終わりと新約聖書の始まりの重なる時代に書かれた本の一つです。聖書ではありませんが、唯一エチオピア正教会はエノク書を聖書として認めています。エノク書は天使たちの罪を詳しく記した後、彼らへの罰について語ります。15章と16章では、エノクに神への取りなしを頼んだ天使たちへ、神の判決が下されます。その部分を紹介します。

――エノク書――

「主なる神は私（エノク）に話し、私はその声を聞いた。『エノクよ、恐れるな。忠実なものよ、真理を語る者よ、近くに進み、良く聴きなさい。とりなしてもらおうとそなたを送り出した天使たちに伝えなさい……人のためにとりなすのがお前たちの役目であり、天使のためにとりなすのは人間のすることではない。なぜ女と交わるために天の高みを離れ、永遠の聖なる場所を捨てたのか。お前たちは人間並みのことをして、女に巨人を産ませた。人間のように欲にかられてしまった。人間ならば肉と血から生まれ、死に、消えていく。それゆえ人間に女を与え、子を産ませ、地上から姿が消えないようにした。それに対して、お前たちは霊的なもので、永遠に生きることができる。そこでお前たちの中に女を造らなかったのだ。

見よ、霊と肉の間に生まれた巨人は地上で悪霊と呼ばれ、地が彼らの住まいとなる。彼らの体から邪霊が出る。なぜなら、女と天から降りた者の間に生まれた者だから。地で生まれた霊が地に住む。巨人たちの霊は抑圧者、暴力的、害を与える者、好戦的、地の侵略者で、悲しみを生むもの、飲まず食わず、飢え、破壊的で、自分の源である男と女の子孫を攻撃するだろう。

巨人たちが滅ぼされ、死に絶えても、彼らの内なる魂から出た亡霊たちは思いのままに悪行をする。終末の時まで、この世の偉大な裁きの日まで、好きなだけ悪をまき散らすであろう……。そなたにとりなしを頼んだ天使たちに言いなさい……お前たちは天の神秘を知り、神に逆らって、それを女に伝えた。そのため、男と女たちは地上に多くの悪と災いをもたらした。したがってお前たちに決して平和はやってこない……。」（エノク書15～16）

イスラエルの伝統ではどのように解釈されているでしょうか。

師父たちの解釈の中には、「神の子」がセトの良い子孫を、「人の娘」がカインの美しいが良くない女を示すという考え方が多くみられます。良い男が女に惑わされるというイメージがありますが、違和感を覚えます。今日でも、女が悪者にされてしまうことはよくあります。

ユダヤの伝統では、師父たちと同じ解釈をしている部分もありますが、ラシや創世記ラッバ26・5、タルグムや幾人かのラビはかなり異なった解釈をしています。

ラシ

2節の解釈

「『エロヒムの子ら（神の子ら）』とは、権力者の子、もしくは裁判官の子である。別の解釈によると、神の使命を帯びた天使である。彼らは人の娘たちと交わった。聖書において『エロヒム』という言葉は、常に権威を意味する。『お前は彼に対してエロヒムのようになる』（出エジプト記4・16）、『お前をファラオに対してエロヒムとする』（出エジプト記7・1）とあるように。

『美しかった』ラビ・ユダンはこう言った。美しいは複数形になっている。しかし、ヘブライ語聖書では女たちは複数で、美しいは単数の表現になっている。それは、人の娘たちが一人の女を美しく着飾らせ婚礼の天蓋の中へ導こうとしていた時に、ある権力者がやって来て先に彼女と交わったと解釈するからである。

創世記ラッバ26では次のように訳すべきだとしている。エロヒムの子は、人の娘たちが一人の女を着飾らせているのを見ると、自分の妻であるかのように交わった。

『好きなだけ（取った）』既婚の女までも取った」。

3節の解釈

「『私の心はいつまでも人間について悩んだりしない』私の心は、嘆いたり、自分の思いに逆らってまで人間の弁護をしたりしないだろう。

『永久に』人を罰し滅ぼすか、あるいは憐れみをかけるか、長いあいだ自問してきたが、もはやためらわないだろう。

『人の一生は120年になった』神はこう言った。『120年間、人に忍耐を持つことにするが、もし回心しないのなら、彼らに洪水を起こそう』」。

4節の解釈

「『巨人（ネフィリム）』その名前は、落胆する、落ちる、転ぶに由来する。つまり、彼らは転んだ者であり、世を滅ぼす者であることを意味する。

『女たちは彼らのために子を産んだ』女たちは父親と同様の巨大な子どもを産んだ。

『名高い人たち』彼らは滅びの人であり、世界の滅びの原因である。ヘブライ語で名前を意味するシェムと言う単語の響きから滅びを意味するシィンマモンを連想し、そう解釈した」。

５節　主は、地上に人の悪が増し、常に悪いことばかりを心に思い計っているのを御覧になって、

ルター

『悪いことばかり』人が洪水以前に犯した罪だけではなく、人間全般の性質、心、理性、知性についても言及している。人が正しい行いをして、自分が聖なる存在だと思い込む場合もそうである」。

６節　地上に人を造ったことを後悔し、心を痛められた。

プロコピオス

『後悔した』私たちが理解できるように、人間的に表現されている。前もって知っている方が、どうして後悔することがあろうか。」（エメサのエウセビオス）

ベダ

『心を痛められた』ソロモンは言う。『愚かな息子は父の破滅。いさかい好きな妻は滴り続けるしずく』。（箴言19・13）『愚かな息子は父の悩みとなり、産んだ母の苦しみとなる』（箴言17・25）」。

ルペルト

『心を痛められた』罪に対して罰を下すことを決めた神は、憐れみを忘れたわけではない。正しさを曲げるよりも、悪しき者の苦しみを見た方が良いとされたのである。なぜであろうか。傷を撫でれば腐る。治

郵便はがき

恐縮ですが
切手を
お貼りください

113 - 0033

東京都文京区本郷 4-1-1-5F

株式会社ヨベル YOBEL Inc. 行

ご住所・ご氏名等ご記入の上ご投函ください。

ご氏名：　　　　　　　　　　　（　　　歳）

ご職業：

所属団体名（会社、学校等）：

ご住所：（〒　　　-　　　　）

電話（または携帯電話）：　　　（　　　　）

e-mail：

表面に ご住所・ご氏名等ご記入の上ご投函ください。

●今回お買い上げいただいた本の書名をご記入ください。
書名：

●この本を何でお知りになりましたか？
1. 新聞広告（　　　）2. 雑誌広告（　　　）3. 書評（　　　）
4. 書店で見て（　　　　書店）5. 知人・友人等に薦められて
6. Facebook や小社ホームページ等を見て（　　　　）
●ご購読ありがとうございます。
ご意見、ご感想などございましたらお書きくだされればさいわいです。
また、読んでみたいジャンルや書いていただきたい著者の方のお名前。

・新刊やイベントをご案内するヨベル・ニュースレター（E メール配信・不定期）をご希望の方にはお送りいたします。
（配信を希望する／希望しない）

・よろしければご関心のジャンルをお知らせください
（哲学・思想／宗教／心理／社会科学／社会ノンフィクション／教育／歴史／文学／自然科学／芸術／生活／語学／その他（　　　　）

・小社へのご要望等ございましたらコメントをお願いします。

自費出版の手引き「**本を出版したい方へ**」を差し上げております。
興味のある方は送付させていただきます。
資料「**本を出版したい方へ**」が（必要　　必要ない）

見積（無料）など本造りに関するご相談を承っております。お気軽にご相談いただければ幸いです。

＊上記の個人情報に関しては、小社の御案内以外には使用いたしません。

すには刃物を入れる必要がある」。

ツィンメルリ
「『心を痛められた』人間の内心だけではなく、神の内心も描かれている。人の罪は神を深く苦しませる」。

7節　主は言われた。「わたしは人を創造したが、これを地上からぬぐい去ろう。人だけではなく、家畜も這うものも空の鳥も。わたしはこれらを造ったことを後悔する。」

プロコピオス
「『地上からぬぐい去ろう』人を絶滅させるのでも魂を消滅させるのでもなく、「地上から」滅ぼす、ということである」。

エフレム
「『後悔する』後悔するはずがない方が、『後悔する』と言うほどにへりくだった。なぜなら、頑固で後悔しない者がその言葉を聞いて身もだえするように、悔い改めることを拒む者たちの心に回心の種が蒔かれるように」。

ルペルト
「『後悔する』は『わたしはサウルを王に立てたことを悔やむ』（サムエル記上15・11）と同様の言い方である。

しかし、これは神の内に変化が生じたという意味ではない。創造したものに必要な改善を行おうという神の一貫した決意である」。

8節　しかし、ノアは主の好意を得た。

プロコピオス

「『好意を得た』まさに言い得ている。ノアは正しく求めたので恩寵を得たのである」（ディディモス）。

ルペルト

「『好意を得た』真の意味で神の好意を得たのはもう一人のノア（イイスス）である。『彼は私たちを神と和解させ』（エフェソ2・16）、『御自分の肉において敵意という隔ての壁を取り壊し』（同2・14）、『神の怒りを受けるべき者』（同2・3）を恩寵の子にし、『地獄の子』（マタイ23・15）を永遠の命の子にしたのである」。

ルター

「『好意を得た』これは聖書の新しい表現である。天使ガブリエルも聖なるマリアに対して『神から好意を得た』（ルカ1・30）と同じ表現を使って挨拶をした。これは、神が人の行いに褒美を与えるという意味ではなく、信仰を薦めるものである。信仰によってのみ我々は神の好意を得る」。

フォン・ラート

「ノアの選択は神の慈悲深い思いにのみ基づいている。神は厳しい裁きを行う前から、自分の救いの業を後の世代につなぐ人を用意していた」。

9節　これはノアの物語である。その世代の中で、ノアは神に従う無垢な人であった。ノアは神と共に歩んだ。

プロコピオス
「『無垢な人』しかし、あくまでも彼の世代の中で」。

アウグスティヌス
「『その世代の中で無垢な人』いずれ神の町に住むことになる人々の、天使のような無垢ではなく、この巡礼の世界の中で可能な無垢である」。

ベダ
「『無垢な人』主イイススを指す。ノアはそのイメージである」。

ルペルト
「『ノアは神と共に歩んだ』罪がはびこる世界で、ノアに対するこの褒め言葉はとても重いものである」。

ルター
「『ノアは神と共に歩んだ』ペトロは『ノアは神と共に歩んだ』が表す意味を、『義の伝令』（Ⅱペトロ2・5）とノアを呼ぶことによってうまく説明した。『義』とは、人間の義ではなく、神の義である。つまり、約束の種への信仰である」。

10節　ノアには三人の息子、セム、ハム、ヤフェトが生まれた。

ルター
「『ノアには……生まれた』洪水の前、エデンの園で約束を信じるアダムとエバによって新しい教会が始まったように、ここでもノアの結婚によって新しい世界と新しい教会が始まった」。

11節　この地は神の前に堕落し、不法に満ちていた。
12節　神は地を御覧になった。見よ、それは堕落し、すべて肉なる者はこの地で堕落の道を歩んでいた。
13節　神はノアに言われた。「すべて肉なるものを終わらせる時がわたしの前に来ている。彼らのゆえに不法が地に満ちている。見よ、わたしは地もろとも彼らを滅ぼす。

この3つの節には、「堕落する（滅ぼす）」「神（わたし）の前に」「不法に満ちる」という表現が繰り返し出てきます。

ギリシャ語聖書には ftheiro という動詞が4回使われています。その第一の意味は「腐敗する」で、生物が腐ることを示します。また、人や社会の堕落という道徳的な意味にも用いられます。11節では「地が腐っている」(efthari)とあり、12節では、まず「地が腐敗している」(katefthармeni)、それから「すべて肉なる者はこの地で堕落の道を歩んでいた」(katefitheiren)とあります。13節では「滅ぼす」(kataftheiro)という意味で使われています。

同じ動詞の響きがだんだんと強くなっていくのがわかります。11節では地の状態を客観的に表していますが、12節では神の視点に移ります。神は地の状態を観察し、肉なる者がこの地で堕落の道を歩んでいるのを見ます。そして13節では、神は同じ動詞を使って、友であるノアに生き物を滅ぼす決意を伝えます。滅ぼすとは腐敗するに任せることです。同じ動詞を使って、世界の滅亡がすでに腐敗の最初の段階、つまり人々が神の思いではなく自分の思いに従って世界を作り始めた時に始まったと表しています。罪は罪自身の罰を孕み、人を死へと導きます。

「神の前に」という言葉は、人がどれほど自分を見失っても、常に神は人の近くにいることを表しています。人の迷いの初めから終わりまで、神の悲しみが伴います。パウロは、救いの手を差し伸べる時の神の悲しみを「神の怒り」と呼びます。神の怒りは数世代の間だけのことですが、神の愛は永遠です。ある罪人が回心する時には天に大きな喜びがあるが、一方、罪に留まる場合には大きな悲しみがある、と主イイススは言います。

悪は自己破滅を生み出します。これは聖書に一貫したテーマですが、特に詩編に多く見られます。神は世界という巨大な麦畑に良い麦と悪い麦が共に育つままにします。それは、自分の根を持たずに長いあいだ良い麦の根を利用していた悪い麦の正体が、最後に明らかになるのを待つためです。

「不法に満ちる」は11節と13節にありますが、13節のものは神がノアにかけた言葉です。詩編の一つのテーマは、地は神の栄光に満ちている、ということです。地を満たす神の栄光が消えることはありません。しかし神はこの2つの節で「**地が不法に満ちている**」と言います。

法にかなった正しさとは何でしょうか。法律通りとするなら、ある国、ある社会に限定されてしまいます。これらの節で言われているのは、そのようなことではありません。「神と人との正しい関係」と定義しても、わかったようなわからないような感じです。

私はマクシモスが大好きなので、彼に助けを求めることにします。しかし彼の文章は、迷路の中をぐるぐると回るように長く難解なので、私自身の言葉でマクシモスの思いをできるだけ忠実に伝えたいと思います。

――不法（iniquitas）について――

神が世界を創造する前には、神でないものは何一つなく、時間も空間もなかった。神でないものを創造することによって、神の「場所」が狭くなったのではないか、という疑問を抱くかもしれない。そうではないだろうが、仮にそのようなイメージを持ってもいいだろう。そこにはすでに神の「ケノーシス（へりくだり）」が現れている気がする。神は豊かで多様な世界を創造するために創造物を分けていった。「聖なる師父たちは、創造された世界は五回にわたって分けられたと言った。」（『アンビグア 41・1304D』）

一回目　神は神である自分とそうではないすべてのものの間にはっきりと線を引いた。
二回目　神は自分ではないすべてのものの世界を知性からなる世界と感性からなる世界に分けた。
三回目　神は感性からなる世界を天と地に分けた。
四回目　神は地をさらに「地上の楽園」と人の住む地に分けた。
五回目　最後に神は人を男と女に分けた。人は世界の真中で世界を一つにするための仲介者として最後に創造された。

もし人がつまずかなかったならば、まず、男女の違いを「神の似姿である」という事実によって超えて、神へと近づく第一歩を踏み出すはずだった。

「神のもとですべてのものを一つにする動きは、男女に分けられた人の世界から始まり、世界が分けられた道をさかのぼって、素晴らしい頂である神まで届いただろう。」(『アンビグア41・1305C』)

次に、人は聖なる生き方によって聖と俗の区別をなくし、地上の楽園と人の住む地を一つにするはずだった。

その後、天と地を一つにし、地にも天があり、天にも地があるようにしたはずだった。

さらに、知性の世界と感性の世界が共に扉を開き、お互いに交わりあうはずだった。

最後に、人は神とそうではないものを隔てる境界線上に立ち、創造物の代表者としてすべてを愛によって神に返すはずだった(マクシモスはこの愛を「アガペ」と呼ぶ。求める愛が「エロス」であり、求めるものと一つになった愛が「アガペ」である)。

「造られざる方と造られたものが恩寵によって一つであることが示され、あふれるばかりの神の豊かさをすべて(神の本質を除いて)いただくはずだった(神の私たちへの愛はなんとすばらしいものであろうか)」(『アンビグア41・1308B』)。

残念ながら、「人は動いたが、自分の源である神の方へではなく、自分の下にあるものの方へ動いた。創造によって分けられたものを一つにして神にささげる代わりに、神から与えられた能力を不自然に使い、さらに人間も物も分けていって、死に向かうようになった……。」（『アンビグア41・1308C』）

そのために人がするはずだった務めをハリストスがすることになったとニュッサのグレゴリオスは言い、その200年後、マクシモスも同様のことを言った。今はハリストスの中で一つになり、男も女もなくなった（ガラテア3・28）。ハリストスは地上に住むことによって、地を聖にし、一つにした。ともに磔にされた人に「今日、私とともに天国にいるでしょう」と言ったように、死んだ後まっすぐに天国へ行った。復活によって天と地の区別がなくなり、ハリストスは弟子たちの前に現れてともに食事をし、世界は一つで分けてはならないものだと示した。

「我々と同じく、知性と感性を持ち、魂と体を持つハリストスは、我々とともに、我々のために世界を一つにした。仲介者として、分けられたものを抱き、一つに結んだのである。つまり天と地、知性によるものと感性によるものを一つにした。こうしてハリストスは世界が一つであることを示した。すべてのものは互いに共感し、すべてが単一で単純、無限で共通であるという概念（ロゴス）によって、中心へ集まった。神によって無から存在するものとなったというロゴスで一つになった。『存在している』より『存在していない』というロゴスの方が先にあったからである。」（『アンビグア41・1312A～B』）

マクシモスの思考やイメージは私たちには難しいところもありますが、彼はすばらしい直観力を持っていたと思います。神は創造によって「愛の動き」（エロス）と言う法に基づいた世界を作りました。世界は多様でありながら人間によって一つになって、神に戻るはずでした。

ところが世界は不法に満ちています。「愛の法」の存在さえ知りません。教えられたこともないのです。私は多くの「ノアの箱舟」の絵本を目にしましたが、どの絵本にも不法な世界がこれでもかというほど描かれています。殺し合いや盗み、さまざまなみだらな行い、喧嘩、大食漢に酔っ払い。まともな人はどこにもいません。

50年ほど前にアルジェリア人の若者と交わした会話を思い出します。彼は西洋文化を世界中いたるところに現れる金の蜘蛛だと言い、つぶすべきものだと嫌悪していました。私は「言い過ぎではないか」と反発しましたが、彼は「悪いことだと知りながら悪事を働く人間について言っているのではない。不法を『良いこと』『当たり前のこと』のように行う西洋人が許せないのだ」と言いました。「どんなことか」と尋ねると、彼は数秒目をつむった後「たとえば女性の美しさを競うコンテスト。肌を露出した女性が舞台上に並び、身長、体重、バスト、ウエスト、ヒップのサイズが発表される。我々イスラム教徒にとっては許しがたいみだらなことで、女性を侮辱し、物扱いする行為だ」と答えました。

ある文化では「正しい」と思われることが、違う文化の常識では「正しくない」とされることが多々あります。まして神の思いと比べるなら、この世には不法が満ち満ちていることがわかります。神の「法」、主イエスの「愛の掟」は教会でよく口にされる言葉ですが、その中身について人はなんと無知でしょうか。

ウンベルト・ネリの鎖にあるこの3節についての解釈はオリゲネスのものだけです。

オリゲネス

「『腐敗する（堕落する）』不法は地を腐敗させるが、正義は地を守る。罪を犯す者は、その者が持つ力で地を破壊する。洪水が地を滅ぼしたのではない。洪水は地を清めたのだ。つまり地を腐敗させたのは不法である」。

イスラエルの伝統ではこう解釈されます。

ラシ

11節「地が堕落するとは、みだらな行いと偶像礼拝を示している」。
12節「『すべて肉なるものは……』すべての動物、獣や鳥でさえ、違う種類のものと交わっていた」。
13節「『すべての肉なるものを終わらせる』姦淫と偶像礼拝が現れるたびに災害が全世界を襲い、善人悪人の区別なく死に至らしめる」。

14節　あなたはゴフェルの木の箱舟を造りなさい。箱舟には小部屋を幾つも造り、内側にも外側にもタールを塗りなさい。

「ゴフェルの木」という言葉は、聖書全体の中でここでしか見られません。ギリシャ語聖書では「四角い木」、シリアの『ペシッタ』では「アカシアの木」、ラテン語聖書では「かんなをかけた木」と訳されます。

オリゲネス

「『箱舟を造りなさい』第一のノアが、神から、箱舟を造って自分の家族だけではなくあらゆる種類の動物を乗せるように命じられたのと同じく、第二のノアであるイイスス・ハリストス（イエス・キリスト）も、時の終わりに『四角い木』で箱舟を造るように命じられた。詩編2・8に『求めよ。わたしは国々をお前の嗣業とし、地の果てまで、お前の領土とする』とあるように。

『四角い木』四角いものは転がそうとしても転がらず、しっかりと安定している。『四角い木』が示しているのは教会で先生と呼ばれる人々だろう。彼らは民の信仰を養う。

『小部屋（ギリシャ語聖書では巣）』さまざまな種類の動物が一つの箱舟に入っている。預言者イザヤが『さあ、わが民よ、部屋に入れ。戸を固く閉ざせ。しばらくの間、隠れよ。激しい憤りが過ぎ去るまで』（イザヤ書26・20）と言うように。教会で救われた民は、箱舟で救われた生き物に相当する。しかし、同じ信仰を持つすべての者が同じように信仰しているわけではないので、同じところにいるわけではない。

『内側にも外側にもタールを塗りなさい』イイススは、マタイ23・27が言う『外側は美しく見えるが、内側は死者の骨やあらゆる汚れで満ちている』ようなことにならないことを望む」。

エフレム

「『箱舟を造りなさい』杉の木をどこから、タールをどこから、鉄や麻をどこから手に入れるのか……ノアは人々に与えられた回心するための100年間の最初の年に箱舟を造り始め、最後の年に仕上げた。その間、人々は回心するように呼びかけられたが、耳を傾けなかった」。

アウグスティヌス

「『箱舟』箱舟は間違いなくこの世のものではない神の町、つまり教会の象徴である。教会は木によって救われた。神と人間の仲介者であるイイススが磔にされた、あの十字架の木によって」。

ベダ

「『箱舟を造りなさい』箱舟を造るノアは、我々の救い主の原型であり、また、聖なる教会を支えるすべての敬虔なる信者の原型である。
『かんなをかけた木で』かんなをかけた木とは教会の信者たちのことである。
『小部屋』さまざまな種類の動物を受け入れるために多くの小部屋が必要だった。同じく教会には多くの場がある。なぜなら、信者たちがいただく恵みはそれぞれ異なり、皆が同じ信仰に包まれていても、信仰の持ち方はおのおの異なるからである」。

ルペルト

「『タールが塗られた木』これは聖なる人々、師父や預言者を意味する。タールはこれらの人々を信仰の中で一つに固く融和させる」。

15節　次のようにしてそれを造りなさい。
　箱舟の長さを三百アンマ、幅を五十アンマ、高さを三十アンマにし、

オリゲネス

「『長さ…幅…高さ』パウロは十字架について霊的に語る一節で、『あなたがたがハリストスの愛の広さ、長さ、高さ、深さがどれほどであるか理解し』（エフェソ３・18）と書く。深さと高さは同じ意味だが、高さは空間を下から上へと測り、深さは上から下へと測る。聖神はモーセ（創世記を書いたとされる）とパウロの

口を通して偉大な神秘を表現する。パウロは上から下へ来たハリストスの謙遜の神秘を説くので深さという言葉を使い、モーセは死と破滅の世から上へ向かう命と救いの望みを説くので高さという言葉を使う」。

アウグスティヌス

「『300…50…30』箱舟の寸法は人間の体を示す。ハリストスが本当の人間の体で来ると預言され、確かにそうなった」。

ベダ

『長さ…幅…高さ』箱舟の長さは困難にも粘り強く耐える寛容さを、幅はやっかいな人をも抱きしめる愛の広さを、高さは天での永遠の命、崇高な希望を思わせる。箱舟は教会の原型であり、人間の体をかたどって造られた。ハリストス自身も、我々のために、我々をその罪から清めるために、人間の姿で現れた。同じくソロモンが建てた神殿もハリストスの体を示している。『イイススは答えて言われた。〝この神殿を壊してみよ。三日で建て直してみせる。〟……イイススの言われる神殿とは、御自分の体のことだったのである』(ヨハネ2・19~21)とあるように」。

16節 箱舟に明かり取りを造り、上から一アンマにして、それを仕上げなさい。箱舟の側面には戸口を造りなさい。また、一階と二階と三階を造りなさい。

オリゲネス

「『一階と二階と三階』霊的な解釈によれば……あなたが箱舟を造るなら、言い換えれば、本を集めて図書館を造るなら、預言者、使徒、そして彼らの信仰の道に素直に従った人々の書き物を揃えなさい。また、図書館は一階と二階と三階に造りなさい。一階で本の中で語られる歴史を学び、二階でその中にハリストスと教会の偉大な神秘の実現を見出し、三階でそこからどのように自分の生き方を正し、害のある生活習慣を断ち、魂を清め、魂を縛っている結び目を解くかを理解するために」。

プロコピオス

「『上の階』人間は動物を支配する者として創造されたので、上の部分、つまり三階にいるのは当然だった」。

アウグスティヌス

「『側面には戸口』磔にされたイイススの胸を貫いた槍による傷を意味する。主の方へ向かう人は皆この戸口を通って教会に入る。その戸口からすべての信者に恩寵を与える秘跡（機密）が湧き出たからである」。

ベダ

「『明かり取り』洪水が終わると、明かり取りを通して真昼の光が箱舟の人々を照らした。明かり取りは、忠実な信者を照らす天の知恵を思わせる。

『戸口』箱舟で救われた人やすべての動物がくぐったあの戸口は、信仰の単一性を示すと思われる。それを通らずに聖なる教会に入ることのできる者は誰もいない。なぜなら『主は一人、信仰は一つ、洗礼は一つ』（エフェソ４・５）であるから。『側面には』箱舟の側面に戸口をつけたことには理由がある。十字架上の主の胸に、兵の槍が開けたあの戸口を示す。そこから『すぐ血と水とが流れ出た』（ヨハネ19・34）。これは秘跡（機密）である。それによってどの信者も教会の中に迎えられる。箱舟の中に迎えられるように」。

ルペルト

「『上の方に、側面には戸口』ハリストスの洗礼という救いの秘跡が、開かれた主の胸から湧き出た（ヨハネ19・34）。その機密がなければ誰も教会に入れない」。

17節　見よ、わたしは地上に洪水をもたらし、命の霊をもつ、すべて肉なるものを天の下から滅ぼす。地上のすべてものは息絶える。

オリゲネス

「『洪水』私の乏しい知識で理解できるのは、当時の世界がほぼ終わりを迎える原因となったこの洪水が、世の真の終わりを象徴しているということである。主は『ノアの時代にあったようなことが、人の子が現れるときにも起こるだろう。ノアが箱舟に入るその日まで……人々は食べたり飲んだり、めとったり嫁いだりしていたが、洪水が襲って来て、一人残らず滅ぼしてしまった……人の子が現れる日にも、同じことが起こる』（ルカ17・26～30）と言った。主は明らかに、未来のこととして告げられる世の終わりが、ノアの時代の洪水と同じように起こると示している」。

ベダ

『洪水』箱舟の建設と迫りくる洪水の中には多くの真理が含まれている。何よりもまず、主が示したように、一瞬の内に押し寄せる洪水は最後の審判が突然現れることを意味する。『ノアの時代にあったようなことが、人の子が現れるときにも起こるだろう。ノアが箱舟に入るその日まで、人々は食べたり飲んだり、めとったり嫁いだりしていたが、洪水が襲って来て、一人残らず滅ぼしてしまった』（ルカ17・26s）と書かれているように。箱舟の建設にかかった百年という期間は、教会の建設が始まり仕上げられるまでの我々の時代（再臨までの時代）を意味する。また別の解釈によれば、洪水は教会とその信者たちを清め神聖なものにする洗礼の水である。ペトロも『この水で前もって表された洗礼は、今やイイスス・ハリストスの復活によってあなたがたをも救うのです』（Ⅰペトロ3・21）と言う。師父たちは洪水の波をこの世の誘惑と苦しみだと解釈する。聖なる教会は毎日その波に襲われるが、打ち負かされることはない」。

ルペルト

『洪水』ペトロが言うように、この洪水は洗礼のイメージだった（Ⅰペトロ3・20〜22）……そして、洪水で滅びたものは洗礼によって消された我々の罪を予示する」。

18節　わたしはあなたと契約を立てる。あなたは妻子や嫁たちと共に箱舟に入りなさい。

ルペルト

「『わたしはあなたと契約を立てる』ノアは唯一無二の人だった。そして彼によって、この世を新しく造り直す唯一の子孫が現れた。その方はイイスス・ハリストスである。使徒言行録4・12に『ほかのだれによっても、救いは得られません。わたしたちが救われるべき名は、天下にこの名のほか、人間には与えられていないのです』とあるように」。

ルター

「『契約』蛇の頭を砕くだろうあの方（種）の約束を表すために、『霊的な契約』に言及している。今、神はノアに対してこの契約を確かなものにした。ハリストスは間違いなく彼の子孫から生まれ、神はどれほどの怒りの中にいても、教会が育つ場を残すと決めた。この契約には肉体だけではなく、永遠の命をも守ることが含まれる」。

19節　また、すべて命あるもの、すべて肉なるものから、二つずつ箱舟に連れて入り、あなたと共に生き延びるようにしなさい。それらは、雄と雌でなければならない。

ツィンメルリ

「『生き延びるように』13節には『すべて肉なるものを終わらせる時がわたしの前に来ている……彼らを滅ぼす』とあり、この節には『すべて肉なるものから、二つずつ箱舟に連れて入り、あなたと共に生き延びるようにしなさい』とある。この矛盾の中で論理的な人は迷子になる。しかし、ここでは一貫した論理が語られているわけではなく、神の愛と誠実さが語られているのである。これこそが神の一貫した思いである。『ああ、エフライムよ、お前を見捨てることができようか。イスラエルよ、お前を引き渡すことができようか……わたしは激しく心を動かされ、憐れみに胸を焼かれる……わたしは神であり、人間ではない』（ホセア書11・8）とあるように」。

20節　それぞれの鳥、それぞれの家畜、それぞれの地を這うものが、二つずつあなたのところへ来て、生き延びるようにしなさい。

オリゲネス

「『それぞれの家畜、それぞれの地を這うもの』預言者イザヤは、種の異なるさまざまな生き物が何を表しているかを語る。ハリストスの国では、狼と子羊、豹と山羊、獅子と牛が共に放牧され、幼子が蝮の巣に手を入れても害されない（イザヤ書11・6～8）。イザヤが言う『幼子』とは、『この子どものようにならなければ、決して天の国に入ることはできない』（マタイ18・3）と主イイススが言った子どもと同じである」。

アウグスティヌス

「『それぞれの鳥、それぞれの家畜、それぞれの地を這うもの』ノアが動物を捕まえて箱舟に入れたのではなく、それらは神に導かれて自発的に入ってきた」。

21節　更に、食べられる物はすべてあなたのところに集め、あなたと彼らの食糧としなさい。」

ベダ

『食べられるものはすべて』主は自分の教会を、霊的生命を支える多くのもので満たした」。

22節　ノアは、すべて神が命じられたとおりに果たした。

ルペルト

『ノアは、すべて…果たした』我々のノア、つまり神の子ハリストスこそが、この世に来る前に箱舟を造った。パウロが『家を建てる人が家そのものよりも尊ばれるように、イイススはモーセより大きな栄光を受けるにふさわしいものとされました』（ヘブライ３・３）と言うように」。

ルター

『すべて…果たした』ノアの信仰は死んだものではない。（そうであれば、もはや信仰とは言えない。）その信仰は実践的で生きたものである。命令する神に従うだけではなく、神が約束する時にも厳しく接する時にも神を信じる。

——第６章のまとめ——

アレクサンドリアのキュリロス

「子孫が混じり合ったこと、つまり聖なる子孫とそうではない子孫が混ざったことを言う必要がある。聖なる子孫が悪い子孫と結ばれて堕落し、生来の良い思いと行動が変わってしまったので、創造主はすべての地上の生き物を滅ぼそうと考えた。しかし、憐れみ深い神は自分の怒りが人の罪に釣り合わないとして、人類を完全には滅ぼさないことにした。そこでノアが示した信仰による救いと、洪水が示した罪の許しを前もって表した。そのため真のノアが人となった。『知恵は地上に現れ、人々の中に住んだ』（バルク書３・38）とある。そして箱舟を見本として教会を造った。教会に入った人が世の上に迫りくる滅びから逃れることができるように…どんな箱舟が造られたか。箱舟の長さ、幅、高さが書かれている。暗号のようだが、ハリストスの神秘を示すことは明らかである。パウロは『あなたがた（教会の信者）がすべての聖なる者たちと共に、ハリストスの愛の広さ、長さ、高さ、深さがどれほどであるか理解する』（エフェソ３・18s）ように絶え間なく祈ると書いた。

——悪魔的なものによる世界の侵略——

第６章では世界の歩みの中におけるたいそう重要な出来事が語られます。その出来事とは**フォン・ラート**が言う『悪魔的なものによる世界の侵略』です。

初めの内、それは侵略には見えませんでした。反逆の天使、エロヒムたち（支配と権威、暗闇の世界の支配者、天にいる悪の諸霊『エフェソ6・12』）は微笑みながら、霊的に高いレベルで、太陽のように輝かしい姿でやって来ました。彼らの長は、光を運ぶ者を意味する『**ルシフェル**』という美しい名を持ち、彼らは一様に優しそうでしたが、よく見るとその微笑みにはどこか傲慢なところがありました。

この侵略は周到に準備されていたため、人は避けることができませんでした。また反逆の天使たちは、人間には侵略に利用できる部分があることを見抜いていました。それは人の心にある神への憧れや創造主を知りたいという望みでした。

神は人を自分のかたちと似姿に造り、人の中に創造主たる自分に対する憧れという基本的なエネルギーを吹き込みました。神が自分を現すまでは、アダムにとって未知な方、知り得ない方のままです。しかし人を自分のかたちに造ったことから、明らかに神が自分を現そうとする意図が汲み取れます。

神への憧れは、アダムにも私たちにも、美しさ、強さ、真理への憧れとして現れます。この3つは私たちの世界ではめったに一致しませんが、これらを無限に伸ばすと1つの点で交わります。少しプラトン的な表現ですが、この点を神と呼ぶことができるでしょう。

しかし、人（アダム）は『おいしそうで、目を引き付け、賢くなるように唆していた』実に目を向けました。神に向かっていた人の動きが、すぐ目の前にある実に向かいました。手が届く所にある物質的なものへ向かう動きによって、真理への憧れはなすすべもなく陰へと追いやられました。真理への憧れは、美しいもの、強いものへ向かう動きの中に取り込まれてしまったかのようでした。美しさが真実のものでなく、強さが真実のものでなかったなら、それらは美しさでも強さでもないでしょう。ところが、人は美しく強いものなら、間違いなく真理であると思いがちです。こういった考えが情念と呼ばれます。美しいもの、強いものへの動きが強まると、真理への憧れは情念に抑えられ、陰に追いやられたままになります。

真理への憧れが弱くなると、人は無知に陥ります。師父によると、無知とは知らないことではなく、知っていると思い込むことです。

アダムは無知によって損なわれ、心に割れ目が入り、エデンの園から追放されました。しかし、反逆の天使たちはまだ侵略の時ではないと考え、ふさわしい時をじっと待ちました。エデンから出たアダムはあまり遠くへ行かず、周辺で暮らし、エデンの園を思い出して悲しみます。彼は自分の子孫から救世主が生まれるという神の約束を胸に抱いています。その時まで裸体を隠すようにと皮の衣を神から受け取りました。反逆の天使たちにとっては、まだ侵略の時ではありません。

しかし、弟アベルを殺したカインは、犯したことの重大性を知りながら悔いることなく、さらに東へ逃げていきました。そして、自分を守り、生きるために自分に合った町を建て、その町に息子の名を付けました。人間はカインと共にさらに神から遠ざかる道を進み、頑なになりました。町や社会は人が作った法で支配され、芸術や技術が発達し、美しさと強さが真理らしきものをも生み出しました。

その時、反逆の天使たちはこの世を侵略しようと決心しました。美しく強い姿でやって来て、人の娘を好きなだけ妻にしました。天使たちの微笑みは人の娘には抵抗しがたい魅力がありました。これこそが偶像礼拝の基本です。美しく強く霊的なものへの人の憧れと、人間世界を支配しようとする反逆の天使たちの望みが不自然に交わって偶像が生まれました。その交わりから巨人、つまり美しく強いが、破壊し、侵略し、人を軽蔑し、嘲笑い、何より人を手なずける者が誕生しました。
「神の武具を身に着けなさい。わたしたちの戦いは、血肉を相手にするものではなく、支配と権威、暗闇の世界の支配者、天にいる悪の諸霊を相手にするものなのです」（エフェソ6・11）とパウロが言うように、この世にはこういった霊があふれています。

これは、福音書にとっても、『使徒言行録』にとっても、教会にとっても重要なテーマです。

イイススが活動し始めた時、この世の支配者だと名乗る悪霊はイイススの存在そのものに危惧の念を抱き、彼の正体を探るために砂漠へと向かいました。その後、悪魔祓いで追い払われた悪霊は、恐怖や焦りを感じて叫び声をあげました（マルコ１・23〜26）。『使徒言行録13、16、19』にも、福音を伝える人たちと悪霊たちとの衝突が見られます。

使徒は『Ｉヨハネ４・２』で、イイススが「肉となって来た」ことを認めない霊を警戒するようにと教会の信者を強く戒めます。このことから、支配者、権威者などと呼ばれるエロヒムにとって、神の子のケノーシス（へりくだり）、つまりイイススが「肉となって来た」ことは最も理解できない、そのために最も危険なことであるとわかります。主のケノーシスには打ち勝つことができないからです。

パウロがエフェソの信徒への手紙６章11節で語る戦いに関して、初代教会は数多くの伝統を残してくれました。教会がローマ帝国に迫害されていた最初の2世紀の間、イイスス・ハリストスの弟子として生きる選択をしていた人々は、命の危険を顧みず、真理の入り口に立っていました。このように気を張り詰めていた人々は、簡単には悪霊の誘惑に負けませんでした。しかし、キリスト教がローマ帝国の国教になると、エロヒムたちは社会全体、教会の内部にまで思うがままに入り込みました。

このような状況下で聖神（聖霊）の動きが変わりました。聖神は多くの信者を、男も女も、エジプトやパレスチナの砂漠へと導きました。俗世間から離れて静かに暮らすためではなく、悪霊の策略や狡さを見抜いて戦うためでした。悪霊たちは天使なので、蟻が砂糖に群がるように、霊的な生き方をする人々に惹きつけられます。これは彼らの弱さです。

教会には霊的生活を送るための経験、教え、聖人の伝記など豊かな伝統があります。そこで、この伝統を少し紹介することにしましょう。

―― 霊的闘い ――

近代になるとあまり耳にすることがなくなりましたが、霊的闘いはとても古い重要な伝統です。悪霊たちは時代に応じて作戦を変えました。中世の西ヨーロッパにおいて、悪霊は自分の存在を見せつけるために、長い間、学のある人にも無学の人にも恐怖を与え続けました。**ウンベルト・エーコ**はこの異常な状況を『薔薇の名前』に書いています。近代になると、**ドストエフスキー**の『**カラマーゾフの兄弟**』に見られるように、悪霊はむしろ姿を隠す作戦を選びました。「悪魔なんぞはいない」と人に思わせたかったのでしょう。現代ではより複雑になってきています。

今、私たちは、霊的闘いという伝統が始まった時、紀元4世紀にキリスト教がローマ帝国の国教になった頃に戻る必要があると思われます。

3世紀の半ば、アレクサンドリアの主教だった**アタナシオス**は、師であったアントニウスの人生、その歩みと教えを『**アントニウス伝**』に著しました。この本はたちまちベストセラーになり、**アウグスティヌス**や**ニュッサ**

のグレゴリオスなどの多くの有名な師父に影響を与えました。

その頃、最も熱心なキリスト教徒の間では、町はずれに一人、もしくはグループで祈りと労働の簡素な生活を送る習慣が始まりました。こうした人々の一人だったアントニウスはずば抜けて強い熱意を持っていたので、悪霊たちの注意を引き付けて敵と見なされ、妨害を受けるようになりました。そこで、彼は霊的闘いを始めるとともに、その体験を整理し、口伝し、書き残し、それが伝統になりました。

霊的闘いの例として、『アントニウス伝』の中の関連する部分をまとめました。その後、『フィロカリア』の文章をいくつか紹介します。

——『アントニウス伝』（アレクサンドリアのアタナシオス）——

1　若きアントニウス

エジプト人のアントニウスは、上流階級に属する裕福な両親によってキリスト教徒として育てられた。両親は彼が十八歳か二十歳の時に死んだので、以降、家の管理と幼い妹の世話をすることになった。

両親の死から半年が過ぎたある日、いつものように主の家に入ると、ちょうど福音が読まれていた。「完全でありたいのなら、行き、持っているものをすべて売り、貧しい人々に与えなさい。それから私について来なさい。そうすれば天に宝を得るでしょう」。

アントニウスはこの福音の朗読がまさに自分のためのものだと感じ、すぐに主の家を後にして、両親が残した80ヘクタールの肥沃な土地を村人に分け与え、全財産を売って得たかなりの額を、一部だけ自分と妹のために残し、残りは貧しい人々に与えた。

別の日にまた主の家に入ると「明日のことを思い煩うな」という福音の言葉が聞こえてきた。アントニウスはすぐに主の家を出て、残しておいたわずかな財産をも貧しい人々に与えた。そして、妹を女性たち（後の修道女）の共同体に入れた。彼自身は家の前で修行に励み、自分の心を見張った。当時、自分の心を見張ろうとする人々は住み慣れた場所の近くに住み、一人で修行をしていた。アントニウスは労働によってお金を稼ぎ、その一部でパンを買い、残りはお金を必要とする人々に分けた。常に祈り、聖書を一字一句も見逃さないように注意深く読むことを日課としていた。

2　悪霊たちがアントニウスを襲う

ところが、善を憎む悪霊たちはこの若者のそういった志に我慢できず、陰謀を企て始めた。まず、アントニウスが修行から離れるように、裕福だった時の思い出や妹のこと、徳を身に着けるための修行のつらさ、肉体の脆弱さ、まだ人生は長いことなどを彼の耳にささやいた。しかし、アントニウスの志は強く、悪霊は自分たちが負けたと悟ると、次は**へそ**の辺りにあるものを武器にすることにした。これこそが若者たちへの最初の罠である。

こうしてアントニウスは夜、安眠できず、昼間は悩み苦しむことになった。彼を見た人は、彼がどのような悩みで苦しんでいるのかをすぐに理解するほどだった。悪霊は不純な思いや妄想をアントニウスに吹き込み、彼はそれを追い払い続けた。彼の前に夜の悪魔が女の姿になって現れ誘惑し、アントニウスは負けそうになる自分に悲しみ腹を立てながら、いつか訪れる死を思い誘惑を退けた。

最後に、龍（悪霊）は打ち沈んだ少年の姿で現れ、人間の声音を使い、従順そうな様子でこう言った。「ぼくは多くの人をだましたり倒したりしてきたけど、あなたと対決した今は無力になった」。

アントニウスが「お前は誰だ」と尋ねると、「ぼくは不純の友。若者を誘い込むのが役割で、『不純な霊』と呼ばれている…あなたを邪魔してきたけれど、いつもはね返された」と答えた。アントニウスは言った。「お前は少年のように弱い…お前なんかはものともしない。『主はわたしの味方、助けとなって、わたしを憎む者らを支配させてくださる』（詩編118・7）」。少年はこの人を恐れて逃げ出した。

3　アントニウス、村から離れた土地へ移る

これはアントニウスの最初の闘いであり、いわば最初の勝利だった。彼は聖書から敵の罠は数知れないことを学んでいたので、悪霊が彼の肉体を利用して心を惑わすことができなくても、別の方法で罠を仕掛けるにちがいないと警戒していた。そこで、もっと厳しい規律を課して自分を鍛えることにした。彼が常に言っていたように「肉体の喜びが減れば、心が力を得る」からである。

アントニウスは過去を忘れ、前にあるものの方に走る（フィリピ3・13）というパウロの言葉や、預言者エリアの「わたしが今日仕えているイスラエルの神、主は生きておられる」（列王記上8・15、17・1）の言葉を繰り返していた。エリアが言う「今日」とは、特定の時を指すのではなく、いつも初めてであるかのように、主の旨に従う準備をして神の前に立とうとすることである、とアントニウスは言っている。

このように強くなったアントニウスは、村から離れた墓地へ行き、そこに住むことにした（エジプトの墓は集落から少し離れた場所にあり、小さい家のようになっていて、戸口がナイル川の方に向いていた）。彼はある墓に入って戸を閉め、一人で暮らした。

それは悪霊への挑戦であり、敵にとって許しがたいことだった。ある夜、他の人が彼に倣うことを恐れていた敵は多くの仲間と共にその墓に入り、アントニウスを殴ったり蹴ったりした。そして、声も出ないほどぐったりして床に倒れている彼をそのままにして立ち去った。

翌日、幸いにも彼にパンを持ってきた友が、瀕死の状態で倒れているアントニウスを発見し、主の家に運んだ。床に横たわるアントニウスの周りには、まるで死人を囲むかのように多くの人が集まった。真夜中に目を覚ましたアントニウスは辺りに多くの人が寝ているのを見た。ただ一人、パンを持ってきてくれた友だけが起きていたので、彼を呼ぶと、寝ている人を起こさないように自分を墓まで連れ帰ってくれるように頼んだ。

墓に入ると戸を閉めて、再びその中で暮らし始めた。アントニウスは悪霊たちに酷く殴られて立つことができなかったので、いつも横になったまま祈り、祈りの後にはできる限りの大声でこう叫んだ。「アントニウスはここにいる。逃げも隠れもしない。どれだけ殴られようともお前らの暴力を恐れはしない。『だれが、イイススの愛からわたしたちを引き離すことができましょう』（ローマ8・35）」。また、「彼らがわたしに対して陣をしいても、わたしの心は恐れない」（詩編27・3）を繰り返し唱えていた。

敵は、アントニウスが勇敢にも墓に戻って来たことに驚いて、自分の犬どもを呼び出し、激高して言った。「いいか、不純な霊でも暴力でも彼に勝てなかった。それどころか、ますます我々に挑戦的になってきている。別の方法で攻撃するのだ」。そこで、悪霊たちは獣や蛇の姿になって小さな家の四方の壁を突き破って侵入すると、そこはたちまちライオンや熊、豹、牡牛、蛇、蝮（まむし）、サソリ、狼でいっぱいになった。それぞれが叫び声をあげながら荒々しく動き回る様子は身の毛がよだつものだった。

深いけがを負っていたアントニウスは非常な痛みを感じていたが、横たわったまま、悪霊たちを恐れることなく自分の心を見張っていた。痛さに呻きながらも魂は静かだった。そして、悪霊たちを嘲笑うかのように言った。「もしお前たちにほんの少しの力があったのなら、一人だけでも十分だっただろう。だが主はお前たちを無力にした。もし力があるならかかって来い。できもしないくせに、なぜ無駄に騒ぐのか。私たちの主への信仰は、私たちの印章、私たちの砦である」。悪霊たちは自分の行為がくだらなく思えて歯ぎしりをした。

そこに主が彼を助けにやって来た。アントニウスが目を上げると、まるで屋根が開いているかのように光が彼に降り注いでいた。悪霊たちは姿を消し、彼はもはや体の痛みを感じず、家も元のままだった。

アントニウスは主に尋ねた。「どこにいたのですか。私を苦しみから救うために、なぜもっと早く現れなかったのですか」。

すると声が聞こえた。「アントニウスよ、私はここにいて、お前が闘うのを見守っていたのだ。お前は耐え、負けなかった。だから私はいつもお前の力となり、お前の名があまねく知れわたるようにするだろう」。

その翌日、彼は一人で山へ向かった。三十五歳ごろのことだった。

ここでいったん『アントニウス伝』を中断して、この話が書かれた７００年後の紀元１０００年頃に、有名な修道士である**新神学者シメオン**が書いた、アントニウスと彼を助けにやって来た主の間で交わされた会話についての解説（シメオンの『カテケシス』）を紹介しましょう。

――シメオンの『カテケシス』――

まだ霊的活動を知らなかった時、アントニウスは墓の中で何をしていたのだろうか。この世のものを何一つ持たず、どんな心配もなく、まるで死者のように墓に閉じこもっていたのではなかろうか。完全に死んでいるかのようではなかったか。横たわって、命をもたらし復活させる力を持つあの方を求めていたのではなかろうか。パンと水だけで満足していたのではなかったか。悪霊たちの悪行に耐え、痛めつけられた体を横たえていたのではなかろうか。

教会に運ばれた時にはもはや死んでいると思われたが、目を覚まし、一人で敵と対決するために墓に戻った。もし、墓に戻ることなく世間に留まったなら、また、自分を捨てて最後まで耐え続けなかったなら、アントニウスは求めていた主の訪れに値するものとされず、主の優しい声を聴くことはなかっただろう。アントニウスは全力で主を探し求めて、飽くことなく門をたたき続け（マタイ７・７）、最後まで耐え忍んだ（マタイ10・22）ため、その恵みを受けることになった。

ハリストスのために自分の意志を捨てて、先に述べたように、死者に命を与える方（Ⅰテモテ６・13）が来るまで、死体のように横たわっていた。

主はアントニウスを死者の国からよみがえらせ、つまり暗闇の中から驚くべき光の中へと招き入れた（Ⅰペトロ２・９）。主に見とれていると、苦しみから解放され、喜びに満ちあふれた。アントニウスは言った。「主よ、今までどこにいたのですか」。この「どこにいた」という言葉が主の居場所を知らないことを表すのに対して、「今まで」という言葉は主の存在を知り、感じていたことを表す。

再び『アントニウス伝』に戻ります。

４　アントニウス、一人で山へ向かう。（この山はナイル川の東にあるピスピル山で、メンフィスから15キロ離れたところにある）

彼は川向こうに放置された砦を見つけ、自分の住みかとした。そして、半年分のパンを蓄え（当時テーベ市民はこうした習慣を持ち、一年間保存できるパンもあった）、門をしっかりと閉めた。砦の中には井戸もあった。アントニウスは聖なる場所に入ったかのように砦にこもり、訪れる人にも会うことはなかった。アントニウスは年に２回、パンを屋根から補充してもらって、長い間そのように暮らしていた。

知人たちがアントニウスに会いに行っても、砦の中に迎え入れられることはなかった。そんなある日、知人たちは砦の中からおびただしい群衆（悪霊）が「出ていけ、ここに何をしに来たのか」と叫んでいるのを聞いた。彼らは中を覗いてみたが、どんな姿も見えなかった。恐ろしくなってアントニウスを呼ぶと、彼は中から答えた。「悪霊たちは人を怖がらせようと幻を作り出すだけだ。あなたたちは十字を切って、安心して立ち去ってくれ。あれらに自分の無力さを思い知らせよう」。

彼らはアントニウスが死んではいないかと心配して、しばしば彼を訪れた。アントニウスはいつも詩編68・2～3を唱えていた。「神は立ち上がり、敵を散らされる。神を憎むものは御前から逃げ去る。煙は必ず吹き払われ、蝋は火の前に溶ける。神に逆らう者は必ず御前に滅び去る」。

アントニウスが一人で修行して20年が過ぎた。そして初めて砦から出て、彼に会いにやって来た人々の前に姿を現した。人々は彼の変わらぬ姿に驚いた。運動不足で太ったり、粗末な食事や悪霊たちとの戦いでやせることはなかった。20年前とまったく同じく、精神は晴れ晴れとし、悲しみもなく、不摂生のやつれもなく、笑いにも苦悩にも支配されていなかった。

5　修道士への教え（『アントニウス伝』のこの部分は物語ではなく、修行をする人への説教です。そこで、短くまとめて格言の形にしました。）

・聖書は我々を教育するのに十分だが、お互いに助言しあうのは素晴らしいことである。
・長年修行をしたとしても、常に初心を忘れることなく熱心に修行しなさい。
・失意に負けず、抵抗しなさい。
・我々の人生は元来不安定なものだが、摂理によって一日一日が成る。

・徳が語られるのを聞いて、恐れたり驚いたりしてはいけない。徳は我々から遠いところにあるのではなく、我々の中にある。
・怒りや欲望に抗い、戦いなさい。使徒が言うように、我々には奸計(かんけい)を弄(ろう)する（相手を陥れてだますようなよくない計画を立てる）敵がいる。「わたしたちの戦いは、血肉を相手にするものではなく、支配と権威、暗闇の世界の支配者、天にいる悪の諸霊を相手にするものなのです」（エフェソ3・12）。彼らは数多く、さまざまなタイプの者がいるが、我々が知るべきは彼らの策略である。
・まず第一に、悪霊たちは本来悪いものではないと知るべきである。すべての被造物と同じく良いものとして造られた。しかし、天の知恵から落ちて、空中や地上でうろついている。我々キリスト教徒を妬み、天へと続く道をふさごうとする。
・初めに、悪霊たちは我々の道に障害物を置く。障害物とはさまざまな邪念である。
・邪念によって我々を妨害できない場合、悪霊たちはいろいろなイメージや幻を使って我々を怖がらせる。それでも我々が彼らの思い通りにならない時には、策略を練るために自分たちの長を呼ぶ。
・時に悪霊たちは、ヨブの前に現れたような姿でやって来る。「両眼は暁のようで……喉は燃える炭火……」（ヨブ記41・10〜13）。あるいは、モーセはこう書いた。「敵は言った。『彼らの後を追い、捕らえて……』」（出エジプト記15・9）。また「置き去られた卵をかき集めるように、私は全世界をかき集めた（と悪魔は言う）」（イザヤ書10・14）。しかし、我々信者は偽りを言う彼らを恐れることはない。悪霊たちとその長は蛇や蠍となって我々に踏みつけられる。その証拠に、彼らはあなたたちが修行することも、私が彼らを咎めることも阻止できない。
・時々、悪霊たちは詩編を唱えるふりをし、聖書を引用し、信仰を持つ者のように話すが、すべて偽りである。

また、我々を夜中に目覚めさせて祈るように勧めるが、彼らを気に留めてはならない。
・もし悪霊たちが少しでも力を持っているなら、大勢でやって来ることはなく、幻を使ったり姿を変えたりしないだろう。ところが無力なので、舞台の上の役者のように振る舞い、変身し、子どもたちを怖がらせる。
・悪霊たちは未来を予言するふりをするが、気にしてはいけない。彼らは未来を知らない。ただ未来を計るための情報を持っているだけである。
・カリスマ（霊的力）を必要以上に重んじてはならない。修行するのはカリスマを神からもらうためではなく、神に喜ばれるためである。
・魂が長い間、恐れや憂い、未練を感じたり、喜びで高ぶったり、落ち込む時、敵はそこにいる。しかし、恐れの後に穏やかな喜びや晴れ晴れとした心、慰められる思い、信頼感が現れる時、神がそこにいる。
・主が我々と共にいれば敵は何もできないと思い、絶えず主を思いめぐらせなさい。
・やって来る思いに「お前は誰だ、どこから来たのか」とはっきりと問いなさい。
・「悪霊があなたがたに服従するからといって、喜んではならない。むしろ、あなた方の名が天に書き記されていることを喜びなさい」（ルカ10・20）。

これで**『アントニウス伝』**は終わります。
また、アントニウスは**7通の手紙**を残しています。そのうちの4番目の手紙の一部を紹介しましょう。

「子どもたちよ、邪な霊たちが我々をひっそりと迫害しようとしている。彼らの不安、苦しみや失意を、毎日、我々の心に植え付け、しかもこうした思いは我々の心から生まれると思い込ませるのだ。悪霊たちは我々がお互いにいら立つように、また、自分の行動を正当化して他人の行動を非難するように、一人の時も隣人を裁き、傲慢になり、他人を軽蔑するように導く。彼らのせいで我々の心は頑なになり、苦い思いを持ち続け、愚痴を言い、他人を責め、自分自身を見ようとしない。我々の苦しみの原因は隣人にあると考えるようになるが、実は犯人は我々の内にいる。

悪霊たちは我々に不可能なことをさせようとし、可能なことをさせないように仕向ける。我々が泣くべき時に笑わせ、喜ぶべき時に悲しませる」。

『**フィロカリア**』に移ります。

『フィロカリア』はネプティコス（神を求めて自分の心を見張る人）と呼ばれる師父たちの書き物を集めた大きなアンソロジーで、祈り、心の見張り、霊的（内的）闘いについての教えと助言が書かれています。その内容は4世紀（**アントニウス**）から15世紀（**パラマスの時代**）に及びます。

『フィロカリア』（美しさへの愛）という題名自体が、すでにこの本の目的を語っています。今、私は霊的（内的）闘いについて語る中でこの本を紹介しています。実際に『フィロカリア』では霊的闘いがよく取り上げられていますが、最も重要なテーマは美しさへの愛です。言い換えるなら、神への愛です。神は美しいものと良いものの源なのですから。「どんな美しいものも超えて美しく、どんな良いものも超えて良い」。神への愛は人をこの無限の美しさとの一致へと導くすべてのものへの愛です。

東方教会は神を求める人にこの輝かしい門をくぐるように勧めます。霊的闘いは真心から神を求める人が必ず出会う障害を取り除く手段にすぎません。しかし、避けて通ることはできないものです。

『フィロカリア』は1782年、ベネチアにおいてギリシャ語で出版されました。編集者はアトス山の**修道士ニ**

コディモス・ハギオリチスと**コリントの主教マカリオス**、出資者はルーマニアの**王子ヨハネ・マフロコルダト**でした。それと並行して、アトス山の別の修道院の**修道士パイシ・ヴェリホコフスキー**が1789年、よく似たアンソロジー『**ドボロトルビエ**』をスラブ語で出版しました。『ドボロトルビエ』という題名も美しさへの愛を意味し、その内容も『フィロカリア』とほぼ同じでした。別の場所で別の人によってほぼ同時に出版されたこの二冊の本は、同じ一つの本、ギリシャ語とスラブ語の『フィロカリア』だと考えて差し支えないでしょう。

出版された当時は歴史的に見て非常に意味深い時代でした。18世紀末の西ヨーロッパでは**啓蒙主義**が栄えていました。啓蒙主義はルネサンスのヒューマニズムを極度に発展させ、人間の自由と真理を説き、人を鼓舞し、自らの力によって社会や個人の生活が発展するように導きました。しかし、この思想こそが人間の魂に割れ目を生じさせました。人の素直な信仰にひびを入れ、聖書に描かれた神の計画の中にある人間像を見えなくしました。この思想によって人は本来の目的から外れ、ハリストスの存在はぼけてしまいました。

西ヨーロッパではすでに14世紀ごろ、キリスト教文化はわずかにその方向を変え始めていました。**ルネサンス**の始まりです。ルネサンスとはギリシャ・ローマの古典文化を復興し、特にその哲学と美術を巧みにキリスト教と結び付けた新しい流れです。またそのころ、この流れを正教会に取り入れたい正教徒と聖書に基づく伝統的な人間像を守りたい正教徒の間で論争が始まりました。テサロニケの**主教パラマス**（1296-1359）がこの論争の中心人物で、1351年にルネサンスのヒューマニズムは正教会によって正式に退けられました。

パラマスはこう言います。「世の始まりから創造主は、人がハリストスを目指すようにと造った。そのために初めから人はハリストスのかたちに造られた……いずれ人が自分の原型であるハリストスを持つように」（『オメリア60』）。

『フィロカリア』を紹介していると、一貫した意味を持つ３つの時代が浮かび上がってきました。まず４世紀、キリスト教がローマ帝国の国教になった時代です。アントニウスの体験があり、そこから『フィロカリア』は始まっています。次に14世紀、対ヒューマニズム論争があり、正教会が新しい文化の流れから距離を置いた時代です。『フィロカリア』はこの時代のパラマスとテサロニケのシメオンで終わります。そして１７８２年に『フィロカリア』が、１７８９年に『ドボロトルビエ』が出版され、正教会復興の種が蒔かれた時代です。

私の個人的な意見ですが、この３つの時代には一貫した聖神（聖霊）の働きがあると思います。聖神は３回にわたって、世俗的な世界から自分の教会を守りました。初めに、修道者たちの行動によって、教会をキリスト教的なマントをまとったこの世から遠ざけました。パラマスの時代には、正教会をヒューマニズムから遠ざけました。最後に『フィロカリア』と『ドボロトルビエ』の出版により、正教会を世俗化していく世界から遠ざけました。フランス革命が目前に迫り、すでにヴォルテールの本がヨーロッパ中の知識人に読まれていた時代でした。

こうした方向から教会の歴史を書く人が現れたなら幸いに思います。

２００７年、『フィロカリア』の日本語全訳が９分冊で刊行されました（新世社、２００６～２０１３年）。ヨーロッパのいくつかの国では１９８５年頃にはすでに出版されていましたが、今なおあまり知られていません。私は現在、毎日のように４分冊のイタリア語の『フィロカリア』を読んでいます。

まず、『フィロカリア』の翻訳者の一人である宮本久雄の序文の一部を引用します。

『フィロカリア』刊行にあたって

……もう一つの読み方は、私たち一人ひとりが現代という危機的で終末論的時代に生きており、地球惑星それ自体の破壊が迫り、人間が非人間として抑圧され、互いに争そっている状況において、どのように人間として生きてゆくかという問いを深刻にいだくとき、その先の見えない閉塞と自分の無力に何か光を与えてくれる希望として読むこともできまいか。

現代は人間像の開発やモデル化に向けて、コンピュータ・ロボット、生物進化の先端に立つ人間像、新宗教が提案する霊能やカリスマにみちた人間あるいは遺伝子操作が理想化する人間像、世界をまたにかける企業戦士など様々なモデルを提示している。そしてそれに応えて二十一世紀の人間観の構築にむけて必死に励む人々や、逆にそれらのモデルに時代の閉塞と虚無を一層感ずる人々もあろう。

それでは『フィロカリア』は、わたしたちにどのような人間像をあたえてくれるのであろうか。一口に言えば、それは「神の似像（エイコーン）」とも言えよう。実際に『フィロカリア』を支えるギリシャ教父の神学や霊性は、従来の贖罪信仰 ―― イエスの受難によって人間は原罪から解放されたという考え ―― を超出し、人間が神にひき上げられるという「人間神化（テオーシス）」（アタナシオスなど）の次元を披いていたのであった。それはパウロ的に言えば「新しい人間（アダム）」ということであろう。

……………

わたしたちが『エイコーン』という雑誌を発刊したときも、その雑誌の名前はその神秘的次元を示すようにつけられ、同志と共にその深まりを期した。そして同志たちも参集し、さらに『エイコーン』誌を通じて神学、哲学、美術、典礼、祈りなどをめぐって東方キリスト教に対する研究と感性を深めていった末に、その実りとして『東方キリスト教学会』が現成した。そしてさらなる思索と生の深まりを求めて、『フィロカリア』の邦訳に挑んだ次第である。

これから『フィロカリア』の私が読み終えた部分からいくつかの文章を紹介しましょう。一年前から繰り返し読んでいる**シメオン・メタフラスト**の150の格言から選びましたが、**マクシモス**のものもあります。私はこの本をじっくりと読んでいるので、いつ読了できるかわかりません。未読の部分にもよい文章があるでしょう。

シメオン・メタフラストは900年ごろの人で、「偽マカリオス」が「エジプトの聖マカリオス」の教えを記した50の説教（500年ごろ）を150の格言にしました。エジプトの**聖マカリオス**は301年に生まれ390年に死んだ、アントニウスの弟子の一人です。そのユニークな個性で師よりも有名になりました。彼は一通の手紙を残しただけですが、『**砂漠の師父たちの言葉**』は彼の格言やエピソードを伝えています。マカリオスの格言を代表するのは、おそらく『マカリオスの秘密』と呼ばれるものでしょう。「私は今、地獄にいる」と悩み苦しむ人に、マカリオスは「地獄にいるならそこにいなさい。ただ一つだけ言っておく。絶対に絶望するな」と答えたそうです。普通なら悩んでいる人にこのようなことは言えません。そのために『秘密』とされたのでしょう。今から100年ほど前にアトス山の修道士が書いた『**シルアンの日記**』の中には、この格言に救われたという記述があります。

今日はどんな情報でも瞬く間に世界中に知れ渡る時代で、言葉がエネルギーを失いつつあります。しかし、教会の霊的な生活の伝統は多くの支流に分かれながらも一貫した大河を成しています。

エジプトの聖マカリオス（シメオン・メタフラスト）『**フィロカリア**』**6巻より**

「一四五　神の掟を破り、楽園での暮らしから追放された（創世記3・24参照）結果、人は二つの鎖に繋がれることになった。**一つ目の鎖**は、現世的な事柄や肉の快楽にかかわるものである。それは、富、栄光、同胞愛、妻子、親族、祖国、財産など、われわれにとって無条件に確かなものとして現れる一切であり、われわれが自らの選択意志によってそこから解き放たれることを神の法が命じているものである。**二つ目の鎖**は、隠れた目に見えないものである。なぜなら、魂は闇の鎖によって悪しき霊そのものと繋がれ、この闇によって神を愛することも信じることも、さらには自らの意志通りに祈ることさえもできなくなるからである。いずれにせよ、最初の人の堕罪によって、見えるものも見えないものも、すべてがわれわれ一人ひとりと敵対するようになった。それゆえ、神の言葉に真に耳を傾けようとする時、人はいつも、まず現世的な事柄を捨て去り、肉の快楽にかかわる一切のものを締め出さねばならない。次いで、もし人が身をもって神と向き合い、神と絶え間なく一つに交わるならば、その人の心の奥底に隠されたもう一つ別の争い、つまり自らの思いとの戦いがあるということを知るための力を得ることになるのである。このようにして耐え忍び、キリストの慈悲を請い、忍耐強さとキリストへの大いなる信仰とを一つに統合した上に、神の援けをも得て、人は、自らを縛りつけ閉じ込めてきた内なる枷や柵（しがらみ）からも、隠れた情念の働きである悪しき霊の闇からも解き放たれることができるのである。われわれがこの戦いを勝利の内に終わらせることができるのは、まさにキリストの恩恵と力によってである。しかし、もし神の援けがなく、自分の力しか頼るものがないとしたなら、悪魔からもたらされた悪しき思いとの争いから抜け出すことなどまったく不可能である。できるとしても、せいぜい、そのような思いに反駁し、決してそれに満足しないことぐらいだろう」。

「一一四　すでに述べられたように、われわれの敵が躍起になっている闘いはすべて、神の記憶、神への畏れと愛からわれわれの知性を遠ざけ、地上的なものへと誘惑を仕掛けては、真に善いものから見かけの上だけ善く見えるものへとわれわれの知性をそらしていくことを狙っている」。

「一一六　地獄に囚われている魂を救い出すために、キリストが地獄に降（くだ）ったと聞いて、それが今われわれに起こっていることとかけ離れたことだと考えてはならない。実際、心は墓であり、われわれの考えや知性(ヌース)はそこに埋葬され、重苦しい暗闇に包まれている。だからこそ、主は、地獄で主に救いを呼び求めている魂のもとへ、すなわち心の深みへと降りて来られたのである。そこで主は、死に命じて言われる。『ここに囚われている魂たちを、天へと送り返しなさい』と。なぜなら、彼らは、自分たちを救い出すことのできる救い主を探し求めていたからである。かくして、主は、魂を押し込めていた重い墓石を引き上げ、墓を開けて、真に屍と化した死者をよみがえらせ、囚われていた魂を暗い牢獄から解き放つのである。

「一一七　悪魔はしばしば、心の中であなたに非難がましく語りかけてくる。『おまえがどれほどの悪行を為したか、思い知るがよい』と。おまえの心がどれほどの無法で充たされ、過酷極まりない多くの罪が重くのしかかっているか、思い知るがよい』と。しかし、そうやって悪魔があなたをそそのかし、へりくだりを諭すふりをして、実は絶望へ押しやろうとしていることをくれぐれも忘れてはならない。というのも、人が罪を犯したその時から悪は魂に入り込み、そうすることで、人と人とがするように魂に語りかけては、悪事をそそのかすことができるようになったからである。したがって、悪に対してあなたは次のように答えなさい。『私には、神が書かれた証書がある。そこにはこう書かれている。私は罪びとの死を欲してはいない。むしろ、その罪びとが悔い改めによって回心し、生きることを欲する（エゼキエル書33・11参照）、と』。実際、罪びとを救い、闇に閉ざされた人々に光を与え、死者に生をもたらすためでないならば、そもそもキリストは、何のためにこの地に降りて来られたと言うのであろうか」。

「一一八　神の恩恵は、それに敵対する悪の力と同様に、強制的にではなく説き勧めるような仕方で、われわれの自由や意志を救うために働きかける。もし、人が悪魔に支配されて悪行を為したとしても、無理やりそうするよう強制されたのではなく、その人自身の悪しき意志によって自ら説得されたのだから、その報いを受けるのは悪魔ではなく、その人自身である。同様のことは、善行が為される場合についても言うことができる。すなわち、善行をもたらしたのは、恩恵ではなく、あくまでそれを為した当人であり、自分自身で善の原因となったのであるから、栄光も当然その人に帰せられるのである。確かに、神の恩恵は、既に述べたように、人の意志を自らの強制的な力と一つに結び合わせることで、罪に対して揺るぎないものとするわけではない。むしろ恩恵は、人と共にありはするけれども、徳に向かうか悪徳に向かうかが、あくまでもその人の意志によって明らかとなるように、選択の自由を認めるのである。実際、掟とは、自然によってではなく、善にも悪にも向かうことのできる選択の意志によって課せられるものだからである」。

「一一四　断食も徹夜も立派なことであるし、禁欲的な修行も隠遁生活も同様に立派なことである。しかし、これらは明らかに敬虔な生き方の端緒ないし序曲に過ぎない。したがって、そうしたことだけをひたすら頼みにしているようでは、無思慮と言わざるを得ない。確かに、神の恩恵にある程度与ってはいるものの、既に述べられたように、われわれの内に潜んでいる悪がわれわれを欺く時がある。悪はわざと身を引き、自分からは何も為さず、そうやって自らの知性（ヌース）が浄化されたかのように人に思わせる一方で、自分が完全であるという思い上がりへと導いていく。その挙句、悪は盗賊のように攻撃を仕掛け、人を地の底へと突き落とすのである。実際、もし、二十歳の若者がしばしば盗賊や傭兵となり、敵に対して策を弄し、待ち伏せして敵の背後を襲い、不意をついて彼らを取り囲み、殺害するということがあるとするならば、何千年もの間、魂を破滅させるという最大の使命に身を投じてきた悪は、一体どれほど彼らを上回ることであろうか。悪は、心の内に隠れ潜んで魂を待ち伏せし、しかるべき時に沈黙に耐え、動きを止めることで、自らは完全だという思い上がりへ魂を引きずり込むのである。これに対して、キリスト者の生の大原則は、以下のようなものとなる。すなわち、たとえ一切の正義を成し遂げたとしても、そのことに甘んじ、当てにしてはならず、何か偉大なことを為したと思ってはならない。たとえ神の恩恵に与ったとしても、それで目標に到達したと大袈裟に思ってはならない。それどころか、逆に、飢え渇き、嘆き悲しみ、徹底的に悔い改めねばならないのである」。

「四五　だからこそ、天上の霊があなたを試すために現れて働きかけてきたなら、たとえ天使だからといって、軽率な考えによって拙速に彼らに身を任せてはならない。むしろ、しっかりと腰を据えて、細心の注意を払って相手を吟味せねばならない。そのようにしてこそ、善は慈しまれ、悪は退けられるのだ。実際、あなたが恩恵の働き（エネルギーア）を自らの内で増大させるのは、そのような仕方に他ならない。それは、たとえ罪がどれほど善を装ったとしても、決して真似のできないことなのである。使徒〔パウロ〕によれば、人を欺くために『悪魔でさえ、光の天使を装う』（Ⅱコリント11・14）ことができると言われる。しかし、たとえ輝かしい光が放たれるのをあなたが見るとしても、今述べた善き恩恵の働きをもたらすことは、悪魔にはできないあろう。だからこそ、それが偽物だということも明白となるのである。なるほど悪魔には、神や隣人への愛も、穏やかさやへりくだりも、喜びや平和も、さらには心の落ち着きや現世への嫌悪、霊的な休息、そして天上への熱望も、何一つ実現することができないし、情念や快楽を抑えることもできはしない。そうしたことの一切は、明らかに恩恵の働きなのである。実際、悪魔は、もっぱら虚栄心や傲慢さを即座に人の心に生み出すことにもっとも相応しく、もっとも有能であるが、それに対して恩恵のもたらす『霊の果実は愛であり、喜びや平和、等々』（ガラテヤ５・22）だからである。いずれにせよ、あなたの魂の内で光り輝いている霊的な光は、本来、神の働きによるものなのであろうか、それとも悪魔の働きによるものなのであろうか。その見分けは、魂がひとたび識別力をもつならば、霊的感覚によって、魂自身にとって直ちに明らかとなるであろう。たとえば、眼は酢とワインを見分けることができないが、喉は味覚によって両者の特性を識別できる。それと同じように、魂は、少なくとも霊的感覚とその働きによって、聖霊の賜物と〔悪魔のもたらす〕その偽物とを識別することができるのである」。

「五一　人間よ、もしあなたが自分自身に立ち戻り、堕罪によって失われたあなたの本来の栄光を取り戻したいと思うなら、以前のように神の掟に注意を怠り、敵〔すなわち悪魔〕の命令や勧告に身を委ねるのではなく、今度こそ、あなたがこれまで聞き従っていたものから離れ、主のほうへと向き直らねばならない。けれども、あなたが富を自らのものにするのは、大変な労苦つまり『顔に汗すること』（創三・19）によってであることを知らねばならない。実際、労なくして善を得ることは、あなたにとって何の益もない。というのも、額に汗することなく労なく善を得る限り、そうやって得たものをあなたは失ってしまい、自分の相続分を敵に明け渡さざるを得ないからである。それゆえわれわれは、自分が一体何を失ったかをそれぞれが認識し、預言者の嘆きを自分の嘆きとすることにしよう。すなわち、掟に背き、自らの快楽への意志に負けて、汚れた地上的な思いを喜ぶがゆえに、『われわれの受け継いだものは他国の民のものとなり、家は異邦の民のものとなった』（哀歌５・２）と。かくして今や、われわれの魂は神から遠く隔たっているのである。まるで父親のいない孤児のようだ。したがって、魂について気遣うものは誰であれ、悪しき思いや『神の知に逆らうあらゆる高慢』（Ⅱコリント10・５）を浄化するため、全力で闘わねばならない。その時にこそ、神の神殿が汚れることのないよう見張ることを命ぜられた者に、われわれの内に住まい、『われわれの内を巡り歩く』（レビ記26・12）と約束された方がやって来られる。まさにその時にこそ、魂は自らが受け継いだものを取り戻し、神の神殿に値するものとなるのだ。なぜなら、神自らが、悪魔とその軍勢を追い払い、それから後はわれわれの内で王となるからである」。

「一二二　敵の詐術、策略、悪意に対しては、あらゆる面から、これ以上ないほどの鋭敏さで警戒をせねばならない。聖霊は、パウロを通してこう語っている。すべての人を救うために、聖霊は「すべての人に対してすべてのものになった」（Ⅰコリント九・22）と。同様にして、悪しき敵方もまた、すべての人を破滅へと追いやるために、なんとかしてすべてのものになろうとするのである。たとえば、敵は、祈っている人を欺く目的で彼らと一緒に祈るふりをし、これだけ祈っているのだからという口実で彼らがうぬぼれに陥るよう仕向ける。あるいはまた、敵は、断食している人々と一緒に断食し、そうすることで彼らを欺き、断食を成し遂げたといううぬぼれに陥れようとする。聖書の知識をもつ人々がするのと同じことをやって見せては、そうした霊的な知があるふりをすることで、敵は彼らが道を誤ることを望むのだ。また、啓示の光に相応しい人々には、敵も同じように見えてしまう。なぜなら、悪魔は、啓示の光と見せかけて彼らを自分の方に引き寄せるために、光の天子に姿を変える（Ⅱコリント一一・14参照）と言われているからである。要するに、敵は、真実らしい見せかけによってわれわれに破滅をもたらすために、あらゆるものに姿を変え、あらゆるものになりすますのである。しかし、われわれは神の知に逆らうあらゆる思いや高慢を打ち倒す（Ⅱコリント一〇・5）と言われている。真理を認識することによって既に神的なものを保持している人々さえも陥れようとして、詐欺師が一体いつまで恥知らずな行為をし続けるものなのか、よくわきまえておきなさい。実際、人は誰でも、最大限の注意を払って自分の心を護り（箴言四・23）、大いなる知を神に懇願せねばならないのである。それは、われわれが悪のずる賢さを監視できるよう、また何かを知る時には、われわれの知性（ヌース）と思念の働きを完全なものにできるようにするためであり、さらには、神の意志に則して事を成し遂げることができるようにするためである。このこと以上に偉大で栄えある働きはない。確かに、主の御業は感謝されるべき偉大なもの（詩編一一〇〔一一一〕・3）と言われる通りである」。

「三八　この世の支配者〔すなわち悪魔〕は、霊的に未熟な者たちを教育するためのいわば打擲用の棒や鞭である。彼こそが、これまでも述べてきたように、苦痛や試練によって、より大きな栄光とより以上の名誉を彼らにもたらすのである。実際、より一層大きく過酷な懲らしめを用意することで、苦痛や試練によって彼ら未熟な者たちを最終的に完全な状態に到らせるのはこの世の支配者〔すなわち悪魔〕に他ならない。要するに、最大の摂理（オイコノミア）は彼によって施されるというわけであり、既に述べたように、悪魔は、自身では良からぬことを意図しているにもかかわらず、結局は善に貢献していることになるのである。なぜなら、良き意図をもった善なる魂にとっては、苦痛に思われることさえも結果的には有益なものになるからである。使徒〔パウロ〕も言うように、「神を愛する者たちには、万事が有益なものとなるよう共に働くのである」（ローマ八・28）。

神学者であり修道士であった証聖者マクシモス（580年―662年）についてはあまり知られていません。2つの伝記が存在しますが、内容は全く異なります。しかし私たちにとっては、彼が偉大な師父であることがわかれば十分です。彼はすべての師父の書き物を読んで自分のものとし、神学上でも霊的にも見事に融合させました。ここでは内的闘いに関する3か所だけを紹介します。

証聖者マクシモス『フィロカリア』3巻（214―216頁、217頁）**より**

「八一　実践的な習性と観想的な知識とを獲得した人々が、人間的な栄光のためにそれらを用いたり、見せかけの徳を装って、知恵と知との言葉を口にするとき、しかも正義のわざなしに、徳と知による虚栄を他の人々に見せるとき、当然彼らは、それにふさわしい労苦に引き渡される。かくして彼らは、苦しみを蒙ることを通して、かつては空しい自惚れのために自分にも知られていなかった謙遜を学ぶことになるのである」。

「八八　観想的で知的な人は、自らが罰を受けるべく、労苦と苦難とをもたらす悪魔にしばしば引き渡される。その理由は、その人が、非存在に倣って空しく過ごすよりも、忍んで苦を蒙りつつ労苦に耐えて愛智（＝哲学）の道を行くことを学ぶためである」。

「九十　自分が為したことを弁え、意に反する諸々の試練の苦しい罰を然るべき感謝でもって受け容れ、進んで耐え忍ぶ人は、徳による習性と恵みとから追放されることがない。彼はバビロンの王の軛に自ら進んで服し、さまざまな試練が降りかかってくるのを受け入れて、いわば負債を返すのだ。すなわち彼は、バビロンの王に対しては、自然・本性の情念の強制的な労苦とそれらに対する思惟的な同意とを――それはかつて犯した過誤による負荷のようなものであるが――支払う。彼はまた、神に対しては、真実の礼拝つまり謙遜の姿を通して、過誤からの更生を差し出すのである」。

今、コロナ禍が2年以上続いています。環境衛生に無頓着だった私も、手洗いやうがいなどを心掛けるようになりました。創世記６章の終わりにあたって、読者がもう一つの環境衛生に目を開いたなら幸いです。私たちの社会に漂う悪霊から心と魂を守る知恵が昔から伝えられていますが、現代の人々はその必要性を感じていないと痛感しています。

百年間のカウントダウン

——創世記を味わう　第7章——

１節　主はノアに言われた。「さあ、あなたとあなたの家族は皆、箱舟に入りなさい。この世代の中であなただけはわたしに従う人だと、わたしは認めている。

プロコピオス

「ノアが家族のおかげで救われたのではなく、家族がノアのおかげで救われ、また、彼らはノアのためにも救われたのである（ディディモス『創世記N2・82』）」。

アンブロジウス

「『あなたの家族は皆』愚か者は自分の愚かさの中に閉じ込められる。一方、知恵のある者は自分と多くの人々のための知恵を持つ。ゆえに、正しい人ノアのおかげで家族も洪水から救われた。『あなたの正しさを認めている』人の目には、多くの人が正しいように見えるが、神の目には多くない。なぜなら、人は外面から判断するが、神は内面を見るからである。『この世代の中で』神は前の世代をとがめず、後の世代を排除しない」。

カルヴァン

「『あなたの正しさを認めている』神がノアを救ったのは、神の純粋な恵みである。ノアの従順さへの報酬ではない。人々は皆『生まれながら神の怒りを受けるべき者』（エフェソ２・３）なので、神は人の内に愛すべきところを一つも見つけられなくても、無条件に人を愛する。神は人をキリストの弟子として受け入れ、ただ憐れみから彼らを良いものとする。そして、人が神と和解した後、神は人を聖霊（聖神）によって生まれ変わらせる。良い行いはそこからくるもので、必ず神の心にかなう。このように、神は人だけを愛するのではなく、彼らの行いも愛する。しかし言うべきことがある。人の良い行いには必ず欠点があり、神はそれを大目に見る。私たちの行いに『良さ』を与えるのはハリストスの恵みで、行い自体の良さではない。しかし、神は人の良い行いを考慮しないと言っているわけではない。神は自分の恵みの賜物であるノアの『良さ』を受け入れる。アウグスティヌスが言うように、神は人に贈り物を与え、その贈り物に冠を載せる」。

ラビ・ラシ

「神はノアを褒めるが、『正しい（わたしに従う人）』とだけ言い、6章9節にあるように『正しく（神に従う）無垢な人』とは言わなかった。それは、面と向かって人を褒める時は控えめに、本人がいない場ではしっかりと褒めるということを教えるためである」。

2節　あなたは清い動物をすべて七つがいずつ取り、また、清くない動物をすべて一つがいずつ取りなさい。

プロコピオス

「どうしたらすべての動物のための食料を箱舟に積むことができるのか、という疑問を呈する人がいるが、答えは簡単である。すべては神の命令であり、また、後における人類の救いのためであった。神は動物たちの食料を準備する力を持つ。何も食べずに四十日間を山で過ごしたモーセ（申命記9・9）や、天使によってアバククに食べ物が運ばれたこと（ダニエル書14・33～39）、エリアのこと（列王記上17・6）がその例である」。

ベダ

「清い動物も清くない動物も共に箱舟に入った。教会で洗礼を受けた人が皆、清いわけではないので」。

ルペルト

「清い動物と清くない動物は選ばれた者（信者）の群れを示す。使徒とその弟子たちは、ハリストスの命令によってユダヤ人や異教徒も受け入れた。聖書の中にはこういった神の志が多く見られる。『天が開き、大きな布のような入れ物が、四隅でつるされて、地上に下りて来る……その中には、あらゆる獣、地を這うもの、空の鳥が入っていた……声が聞こえてきた。〝神が清めた物を、清くないなどと、あなたは言ってはならない〟』（使徒言行10・11～15）。この声に教えられたペトロはやって来た異教徒たちに説明した。『神はわたしに、どんな人をも清くない者とか、汚れているものとか言ってはならないとお示しになりました』（同28節）。この節で神はペトロに示したことをすでに予表した。つまり、すべてを創造した方はどの民も拒まず、すべての人々の信仰と回心を望むのである」。

ツィンメルリ

「創造主の言葉はすべて生きている。ひとかけらたりとも無とされることはない。創造されたすべてのものが神によって良いとされた」。

3節　空の鳥も七つがいずつ取りなさい。全地の表に子孫が生き続けるように。

師父たちの解釈はありません。ラビ・ラシは、鳥の七つがいだけが言われるのは、箱舟から降りた時にそれらの鳥から神への捧げものを取るためであり、それらの鳥はすべて清いものだった、と言います。

4節　七日の後、わたしは四十日四十夜地上に雨を降らせ、
わたしが造ったすべての生き物を地の表からぬぐい去ることにした。」

プロコピオス

「『七日の後』洪水はノアが箱舟に入ってから七日後に始まった。このように神は憐れみにより人々が罪から離れる時間を与えたのである。神の良き心は、長い間罪を犯してきた人にも、回心するなら数日で許しを与える。また、七という数字は天地創造を思わせる。神は次のことを言わんとする。『今、存在するものを滅ぼす私は、世界を創造し、すべてのものにその存在を与えたのと同じ私である。私の愛で世界ができ、私の恩を受けた者たちの不信心のために世が滅びる』（フィロン『創世記Ⅱ13』）。『ぬぐい去ることにした』板に書かれた文字が消されても板は残る。神は不信心な世代を消したが、人間そのものは残した」。

アンブロジウス

『七日の後』主は罰するより許すことを欲したので、回心する時間を与えた……ここでも、主の大変憐れみ深い心を見ることができる。もし人が回心するなら、神は人が世の始まりから終わりまでに犯した罪をわずかな日々で許したかったのである。神は罪を忘れ徳を見ると預言者が言うように。『わたし、このわたしは、わたし自身のために、あなたの背きの罪をぬぐい、あなたの罪を思い出さないことにする。わたしに思い出させるならば、共に裁きに臨まなければならない。申し立てて、自分の正しさを立証してみよ』（イザヤ書43・23ｓ）。

『わたしが造ったすべての生き物を地の表からぬぐい去ることにした』信心深い心でこの言葉を聞くと、なんと美しく響くことか。神は罪に対して怒るが憐れみを忘れず、罰を与えるが滅ぼしはしない。裁きに手加減を加え、厳しさを抑える。地から肉なるものを消すと言わず、地の表から消す（ぬぐい去る）と言う。つまり、花は落とすが根は残すのである。『消す』字を消しても巻物は損なわれない。インクを消しても板は残る……『消す』と言うが、よりよいものを書くためである」。

ルター

「『雨を降らせ』ただの雨ではなく、主の怒りの雨である」。

ツィンメルリ

「『わたしが造ったすべての生き物』ここで改めて人の創造を司る不思議な関係が見られる。人と世界は切っても切れない関係にある。パウロは、創造された世界は自分の長子の栄光を待ち望んでいる（ローマ

８・19）と言う。人の裁きの日は全世界の裁きの日であり、同様に、人の贖いの日は全世界の贖いの日になり、新しい天地が現れる日となる」。

５節　ノアはすべて主が命じられたとおりにした。

ノアの従順さを褒める師父はいますが、特別な解釈はありません。

６節　ノアが六百歳のとき、洪水が地上に起こり、水が地の上にみなぎった。

ルペルト

『『ノアが六百歳のとき、洪水が地上に起こり』ペトロの手紙にあるように、箱舟が造られている長い間、神は不信心者が回心することをどれほど待ち望んでいたかを知ることができる。神がノアに箱舟を造るように命じたのは、ノアが五百歳の時であり、そこに入った時は六百歳になっていた。箱舟の建造は100年もの間ずっと不信心者を戒めていたが、回心しなかった。その間中、神は忍耐して待っていた。『あなたは、かたくなで心を改めようとせず、神の怒りを自分のために蓄えています』（ローマ２・５）」。

７節　ノアは妻子や嫁たちと共に洪水を免れようと箱舟に入った。

師父の解釈は少なく、ノアの従順さを褒めるにとどまります。

ラビ・ラシ

「男と女は分かれて箱舟に入った。全世界の人々が苦しんでいる時だったので、性の交わりは禁じられたのである」。

「信仰が揺らぎ、本当に洪水が起こるのだろうかと観察していたノアは、水が増えてきて初めて箱舟に入った」。

8節　清い動物も清くない動物も、鳥も地を這うものもすべて

9節　二つずつ箱舟のノアのもとに来た。それは神がノアに命じられたとおりに、雄と雌であった。

プロコピオス

「動物は自発的に箱舟に入った。ノアが入れたのではない。動物に対してノアと共に入るように命じたのは明らかに神である。それは、名をもらうように動物をアダムのもとへ送り出したのと同様である」。

エフレム

「同じ日に、東方からはゾウ、南方からは猿とクジャク、西からも北からも他の動物が続々とやって来た。ライオンが森から、猛獣がねぐらから、ガセルとオナガーが砂漠からやって来て、山の動物は降りてきた。オオカミと子羊が共に入った。タカとスズメ、ワシと鳩も」。

カルヴァン

「あらゆる種類の動物が名前をもらうために自発的にアダムのところへ行った（創世記２・19）ことについて以前触れたことを思い出すなら、今、動物が自発的に箱舟に入ったことに不思議はないだろう。我々が野生の獣を見て恐怖を覚えるのは、アダムが持っていたすべての動物に対する支配権を失ったからである。今、動物を救うために、神は特別に元の状況に戻したと言えよう。ノアは箱舟の中で、我々が鶏に餌をやるように野生の獣の世話をしたのである」。

10節　七日が過ぎて、洪水が地上に起こった。

エフレム

「『七日が過ぎて』ノアとすべての肉なるものが箱舟に入ってからも、神はその憐れみゆえにさらに七日間待ち、門を開いたままにした」。

アンブロジウス

「『七日が過ぎて』神は七日目、安息の日（創世記２・３）を待った。人々が許しを願ったならば、神は怒りを静め、彼らを矯正したであろう」。

ベダ

「『七日が過ぎて』七日目は安息日で、つまり後の命の安息を示す。洪水が洗礼の水を意味するなら、箱舟の完成後の七日目に洪水が始まったのは当然である。なぜなら、我々は永遠の安息を希望して洗礼を受けたのだから。また、もし洪水に最後の審判のイメージを見るなら、それも七日目に洪水が起きたことは理にかなっている。なぜなら、ハリストスの軽い荷と快い軛（くびき）を負う人々は、魂の安息を受けられる（マタイ11・29s）のだから」。

フォン・ラート

『洪水』大空の水は世界を成すものの一部を示している。したがって、洪水は宇宙全体の大災害であると理解するべきである。天の上の水が地に落ちる。深淵の海はそれまで神によって縛られていて（ヨブ記7・12）地の下にあったが、自由になって上へと勢いよく上がって来る。世界を成すものがバラバラになって崩れる。カオスの水（創世記1・7～9）が神によって二つに分けられたが、再び一つになり、創造された世界がカオスに戻る」。

11節　ノアの生涯の第六百年、第二の月の十七日、この日、大いなる深淵の源がことごとく裂け、
天の窓が開かれた。

アンブロジウス

『深淵……天』聖書は、天と地が乱れた、この世の基本を成すものが混乱した、と洪水の力を表現した」。

ベダ

『大いなる深淵の源』深淵とは旧約聖書を示す。旧約聖書は長い間、文字のヴェールに覆われていたため霊的な理性の流れを世界に注ぐことができなかった。今日では主がヴェールを取り除いた（Ⅱコリント３・14～16）ので、旧約聖書は教会に豊かな救いの知恵を与える。『天の窓が開かれた』福音者と使徒の宣教の言葉が世界に流れ出て、人々の心を養うことを意味する」。

ルペルト

「『天の窓が開かれた』洪水の大きさを理解させるために誇張法が使われている。神が水を分けるために置いた蒼穹が破られたかのようである」。

ルター

「『天の窓が開かれた』水がみことばの力によって器の中にあるかのようにコントロールされないなら、噴き出してあらゆるものを破壊するだろう。我々の命はどの瞬間も、みことばによって守られている。それは奇跡的なことである。水は私たちの上にありながら、その場所にとどまっている」。

ラビ・ラシ

「目には目を歯には歯を。人の罪は『大罪』である（創世記６・５）と言われるように、人々は深淵に打たれたのである」（『Sanhedrin108a』）。

12節　雨が四十日四十夜地上に降り続いたが、

アンブロジウス

『四十日』今では、四十日という期間は罰のためではなく命のために定められている。その間に我々は普段以上に繰り返される祈りと断食によって自分の罪を償い、自分の過ちを正し、ほとばしる信仰心から神の戒めに従うように。したがって、主の復活から数えて四十日目は最後の日ではなく、最初の日となった。その日から命が始まったからである。しかし、かつては世を滅ぼし人々を消すための日、死を意味する日であった」。

ラビ・ラシ

『雨が四十日四十夜地上に降り続いた』一方、17節では『洪水は四十日間地上を覆った』とある。降り続いた雨とは、神の慈しみ深い思いであり、人々が回心するように導くものだった。人が回心したなら、祝福の雨になるはずだった。しかし回心しなかったので、洪水の雨となった」（『Bereshit Rabba32・8』）。

13節　まさにこの日、ノアもその息子セム、ハム、ヤフェト、ノアの妻、この三人の息子の嫁たちも、箱舟に入った。

カルヴァン

『箱舟に入った』教会が箱舟にたとえられるのはまさに正しいことである。しかし、その共通点をきちんと見出す必要がある。それは神の言葉の中だけにある。ノアがみことばに従い、死を免れるために妻子と共にある種の死に入ったように、我々も、神から命をもらうために、この世を捨て、ある種の死に入るべきである。他に安全な場所はないのだから」。

ラビ・イスラエル・バール・シェム・トヴ

「洪水の雨を霊的に理解するならば、信心深いイスラエル人が律法を守るのを妨げるあらゆるものや環境を示す。そこで『ノアが箱舟に入った』という言葉は以下の意味である。我々は律法の言葉、祈りの言葉の中に入らねばならない。その中に入れば守られる」。

ラビ・イスラエル・バール・シェム・トヴ（1698–1760）は、東ヨーロッパ全体に流布しているハシディズムの創立者でした。神秘的な流れで、ミュージカル『屋根の上のヴァイオリン弾き』はその世界を描いています。

14節　彼らと共にそれぞれの獣、それぞれの家畜、それぞれの地を這うもの、それぞれの鳥、小鳥や翼のあるものすべて、

ベダ

「すべての動物が一日で箱舟に入った。ノアが動物を集めて箱舟に入れようと骨を折る必要はなかった。神の意志によって、それぞれの動物がふさわしい数で自発的にやって来た。まずノアとその家族が入り、その後、動物が順序よく自発的に入り、自分に用意された場所に行った。神のわざのおかげである」。「箱舟の中には、神が最初に創造した世界の落ち着きと平和が一時的に戻って来たかのようである」。

15節　命の霊をもつ肉なるものは、二つずつノアのもとに来て箱舟に入った。

イソダート

「あらゆる種類の動物が名前をもらうために自発的にアダムのところへ行くように導いた神の意志が、今再び動物を動かしている。ノアが苦労する必要はなかった。獰猛な動物もおとなしい動物も仲良くノアのもとへ行った。人が罪を犯す前、動物がアダムのもとに集まったように。しかし、アダムが罪を犯すと、そこから逃げた」。

16節　神が命じられたとおりに、すべて肉なるものの雄と雌とが来た。主は、ノアの後ろで戸を閉ざされた。

プロコピオス

「『主は、ノアの後ろで戸を閉ざされた』扉を安全なものにするには、神の働きが必要だった。当然のことながら、箱舟に水が入らないように扉の外側にアスファルトを塗る人はいなかった。そこで神が扉を閉めたのである」。

イソダート

「『主は、ノアの後ろで戸を閉ざされた』箱舟は神の摂理によって守られた」。

エフレム

「『主は、ノアの後ろで戸を閉ざされた』神が扉を閉じた。洪水の最中に人々がやって来て扉を壊すことができないように」。

ベダ

「『主は、ノアの後ろで戸を閉ざされた』教会が洗礼の水を喜ぶ時、神は常に天から自分の教会を守る。命に招かれた人が誰一人死なないように。教会が世界の波の中で苦労する時、神はあらゆる所から守る。教会が不安に押しつぶされないように、また、この世の楽しみに溺れないように」。

カルヴァン

「『主は、ノアの後ろで戸を閉ざされた』箱舟に水が入らないようにしたのは粘土でもアスファルトでもなく、神の目に見えない力だった。まるで神がその手を戸に置いたかのようである」。

17節　洪水は四十日間地上を覆った。水は次第に増して箱舟を押し上げ、箱舟は大地を離れて浮かんだ。

ベダ

「『箱舟を押し上げ』世界中で増えていく洗礼と信仰の水も、教会をこの世の欲望から天の命への期待や望みへと押し上げる。たびたび教会を襲った苦しみの波でさえ、すべてを溺れさせようとすればするほど、後の命の喜びを探し求めるように教会を押し上げる」。

ルペルト

『四十日間』四十日という期間は受肉と主の受難の後に残る時を示す。その時、洗礼の水は増え続け、教会に入る人々が外に置いていった罪を押し流し続ける」。

18節　水は勢力を増し、地の上に大いにみなぎり、箱舟は水の表を漂った。

19節　水はますます勢いを加えて地上にみなぎり、およそ天の下にある高い山はすべて覆われた。

プロコピオス

『高い山はすべて覆われた』こうして地は天地創造の初めと同じく混沌（目に見えなず形のないもの）になった（創世記１・２）。大空の上の水と下の水が再び一つになった」。

ベダ

『高い山はすべて覆われた』山々はこの世の栄光に思い上がる傲慢な人々を意味する……洗礼の水が箱舟を高く持ち上げて山々を覆う。洗礼の機密が教会を高く持ち上げ、この世の傲慢な高みを軽蔑し、気にも留めない」。

20節　水は勢いを増して更にその上十五アンマに達し、山々を覆った。

ベダ

『高い山はすべて覆われた』水は最も高い山々を覆った。それは、教会の信仰が洗礼の泉によって聖とされ、後の世の安息への望みで哲学の思い上がりを超えるからである。哲学はこの世の物事を巧みに論じるが、創造主と聖人の信仰生活については何も言えない。この世を超越しているので」。

21節　地上で動いていた肉なるものはすべて、鳥も家畜も獣も地に群がり這うものも人も、ことごとく息絶えた。

ルペルト

「『肉なるものはすべて息絶えた』イスラエルの子らが紅海を渡った時に海に沈んだエジプト人が悪霊や罪を示すように、今、箱舟にいるわずかな人を除いて、洪水で滅びる悪人は消えていく罪を表す」。

22節　乾いた地のすべてのもののうち、その鼻に命の息と霊のあるものはことごとく死んだ。

アンブロジウス

「『命の息と霊のあるものはことごとく死んだ』すべてのものは人間のために造られたので、すべて人間と共に死ぬべきである。人は富や得たものすべてと共に死ねべきである」。

23節　地の面にいた生き物はすべて、人をはじめ、家畜、這うもの、空の鳥に至るまでぬぐい去られた。

彼らは大地からぬぐい去られ、ノアと、彼と共に箱舟にいたものだけが残った。

プロコピオス

「『ノアと、彼と共に箱舟にいたものだけが残った』ノアは新しい人間の始まりとして、アダムに似ていると言えるだろう」。

ルペルト

「『ノアと、彼と共に箱舟にいたものだけが残った』無垢な人であるノア（創世記６・９）は、洪水にたいそう苦しめられた。一年間（同８・13）、牢のような箱舟の中で嵐に揺られていた。もしノアが、全人類の死を目の当たりにして自分が救われたことを喜んだなら、無垢で正しい人ではなかっただろう。聖書も、神が心を痛めた（同６・６）と言う。エレミアもまた、町が炎に包まれ住民が奴隷として連れ去られるのを見た時、ノアほど苦しまなかったとは言えまい（哀歌１・５）。……ノアは肉体的苦痛がなくても、魂の底まで悲しかった……『神よ、わたしを救ってください。大水が喉元に達しました』（詩編69・2s）は彼の苦痛を言い当てている」。

ルター

「『ノアと、彼と共に箱舟にいたものだけが残った』世界の大部分が破壊されたが、人間はすべてを治めるものとして残る。神の約束は守られた」。

ラビ・ラシ

「『ノアと、彼と共に箱舟にいたものだけが残った』文字通りの意味は『ノアと、彼と共に箱舟にいたものだけが生き残った』である。あるミドラシュによると、動物の世話に疲れたノアは咳をし血を吐いた。別のミドラシュによれば、ノアは餌やりが遅れたライオンに襲われた。これらの解釈は『神に従う人でさえこの地上で報われる……』（箴言11・31）に基づいている」。

ユダヤの先生たちは、ノアがとても人間的であると見ています。神の言葉に従いながらもそれを疑い、人々の死を悲しみ、箱舟での生活に疲れる姿を記します。

24節　水は百五十日の間、地上で勢いを失わなかった。

特筆すべき解釈はありません。

——第7章のまとめ——

アレクサンドリアのキュリロス

「聖書を一語一語読んでいると、我々は隠れているハリストスを見て語り始める。ノアも箱舟のすばらしい仕組みも、ハリストスの救いのイメージであることがわかる。神の子は人間となり、皆のために甘んじて殺された。そうして信じる人を裁きと恐怖から解放した。ハリストスは真のノアであり、ノアという名が意味する通り正義であり、憩いである。『神は、わたしたちが行った義の業によってではなく、御自分の憐れみによって、わたしたちを救ってくださいました』（テトス３・５）とあるように、ハリストスは我々のために義となり憩いとなった。『彼が刺し貫かれたのは、わたしたちの背きのためであり、彼が打ち砕かれたのは、わたしたちの咎のためであった』（イザヤ書53・５）のだから。ハリストスは我々のために自分の肉に苦しみを受けた（Ⅰペトロ４・１）ので、我々は幸いである。ハリストスは信仰で我々を救い、箱舟の中へと同様に教会の中へ招き入れる。我々は教会で死とその恐怖から解放され、この世と共に裁きを受けることを免れる。ノア、つまりハリストスが共にいるからである」。

これから私の思いを記します。

①　世の終わり

第7章のパトス（哀れ）は世界の終わりです。イイススも、ノアと洪水のイメージを使って世の終わりを語りました。

世界の終わりは予告され差し迫っていますが、ゆっくりとやって来ました。その間ずっと神は人々の回心を待っていました。箱舟は百年かかって造られ、建造中のその姿は神の怒りを告げて人々に自分の罪を認めるように促し、神の愛を説いて回心が芽生えるように促しました。

100年もの間、箱舟は完成せず、哀れで頑なであまり変化がなく、人々に嘲笑されて、景色の一部になっていました。日常となった光景は痛ましいほどに真剣な神のメッセージを弱めました。

教会も箱舟と同様に、完成せず、哀れで頑なで変化がなく、人々に嘲笑されて、景色の一部となり、痛ましいほどに真剣な神のメッセージは弱まっています。

破滅を目の当たりにしても、人々が回心するのはどの時代においても難しいことです。個人的な夢や共同幻想から目覚めて現実に戻ることは困難なのです。パール・ハーバーや広島・長崎の原爆、地球温暖化、昔から数多く起こってきた避けられたのに避けられなかった悲劇が起こる前には、阻止しようとする様々な動きがありました。人は悲劇を予感しますが、きちんと理解してはいません。抱いた盲目的な夢を初めの内は誇りに思い、しばらくは期待を持ちますが、その後止めようと思ってももはや止められないのです。結局、まだその夢を愛しているのです。

避けられない運命ではありません。エジプトの聖マカリオスが「なぜなら、魂は闇の鎖によって悪しき霊そのものと繋がれ、この闇によって神を愛することも信じることも、さらには自らの意志通りに祈ることさえもできなくなるからである」と語る鎖です。

皆の無関心に囲まれた箱舟という第7章の景色は私たちの時代に似ていると思わずにはいられません。第二次世界大戦後、核保有国間の不均衡や地球温暖化は終末時計のイメージを生みだし、カウントダウンを始めました。間違いなく私たちの時代はノアの時代と似ています。災いが迫り来ると漠然と感じているだけではなく、世界を破滅へと導く暗い力が実際に存在します。盲目的な動きを止める知性の働きを妨げる力です。

教会の師父の研究家であるベネディクト会の修道士アエルレッド・スクワイアは１９７３年に『Asking the Fathers』を出版しました。その冒頭で、彼は師父の世界を紹介するために、近代について書いています。その言葉を引用します。

「１８６７年、イギリスの詩人マシュー・アーノルドは、『ドーバーの浜辺』の中で、100年たった今では一般的になった感情を書いている。詩人は、月明かりの下で潮が満ちてくるのを窓から眺めようと友を誘う。「静かな入り江に英国の岩礁が堂々とした姿を現す」。突然、彼は不安な思いに襲われる。

……

さやかに光る月の下
浜辺に白い波が打ち寄せる
耳を澄ませば
寄せては返す波に
小石が転がりぶつかりざわめいている
騒ぎ、静まる
トレモロのゆっくりしたカデンツァが響き

果てしない悲しみが満ちる

（『ドーバーの浜辺』）

波が奏でるこの悲しい調べは何なのか。おそらく、途方もなく長い間、神の存在を盲目的に信じていたにもかかわらず、実はいなかったという思いではないか。

信仰の海も
昔、潮が満ちたときがあり
まるできらめく帯のように浜辺に広がっていた
今や夜の風に吹かれて
潮は暗いかなたまで引き
痛ましい長いうなり声しか聞こえない
この世の小石は裸になる

（『ドーバーの浜辺』）

人の愛は常に『無知な軍隊が真夜中に戦っている』ような世界の盲目的な力に対する役に立たないバリアでしかない、というアーノルドの一時的な結論に、我々の多くは驚かないだろう。

……しかしある日、詩人は修道士を尋ねてカルトゥジオ修道院に赴く。

滅びゆく世界と苦痛の中で生まれ出る世界
その二つの世界をさまよう
頭を載せる場所一つもない

（『ドーバーの浜辺』）

詩人は、自らと沈黙の内に生きる修道士の間にどこか似通ったところを感じたのだろうか。……彼の直感は自分が思う以上に正しかった。信仰の海が地中海のすべての浜辺に打ち寄せつつあった頃（4世紀）、大勢の人が砂漠へ行き修道生活を始めたのは歴史の気まぐれではない。まさにこの時、何万人ものキリスト教徒は世界を支配したように見えたキリスト教に安住するより、頭を載せる石一つもないという別の安心を本能的に求めた。

初期の偉大な霊的生活の教師と師父が生まれたのはこうした環境の中、あるいはその環境と繋がりのある中であった」。

②　小さな群れよ、恐れるな

勝利をおさめて広がっていき征服していくというキリスト教のイメージは間違っています。本来のものではありません。イイススは自分の教会を「小さな群れ」と呼び、「小さな群れよ、恐れるな」（ルカ12・32）と言いました。「小さな群れ」という表現は、多くの罪人の中において救われる数少ない人々という意味ではありません。これも教会の思いではないのです。

キリスト教徒が「小さな群れ」というのは、必ずしも数字上の話ではありません。日本では確かにキリスト教徒は１パーセントにも満たず、その中でも私たち正教徒は少数派です。

しかし、キリスト教国と言われる国々でもハリストスの弟子は「小さな群れ」です。「この世」の精神はどんな環境にも入り込み、「この世的」にしてしまいます。新約聖書が言う「この世」は神が創造した世界ではなく、堕落した天使や人間の罪でできた環境です。ヨハネ福音書の初めに「言（ことば）は世にあった。世は言によって成ったが、世は言を認めなかった」とあるように。

「小さな群れ」と言う時、主は「わたしはあなたがたを遣わす。それは、狼の群れに羊を送り込むようなものだ」（マタイ10・16）を暗に示します。

ハリストスがこの世に送った教会は、「狼」とも呼べる多くの権力機構に囲まれています。しかし、教会の本質は権力機構ではありません。歴史上では確かにそう見えた時もありましたが、教会はこの世のものではないのです。

詩人マシュー・アーノルドは150年前、当時すでに始まっていた社会の世俗化に不安を感じて表現しました。今日、世俗化はさらに進んでいますが、当時ほど不安の種にはならないように思います。むしろ、教会が「小さな群れ」だと私たちに再確認させ、「頭をのせる石一つもない」ものとして、主の再臨まで、主について行くようにいざないます。

③　箱舟に入りなさい

第７章の冒頭の「箱舟に入りなさい」という神の命令は、黙想のもう一つのテーマになりえます。７節と13節に、「ノアは箱舟に入った」とあります。どうしてノアは2回、箱舟に入ったのでしょうか。ラビ・ラシは「ノアは洪水が来ることを信じていたと同時に信じていなかった……」と言います。しかし入りました。これは重要なことです。

ハシディズムの創立者ラビ・イスラエル・バール・シェム・トヴは「箱舟に入りなさい」を見事に解釈しました。彼は「ヘブライ語の『テヴァー』は『箱舟』の他に『ことば』という意味でもある。そこで『箱舟に入りなさい』は『みことばに入りなさい』という意味も持っている」と書きます。

「箱舟に入りなさい」という言葉は『シェマ・イスラエル』という祈りに入るように勧めています。

「聴きなさい、イスラエルよ……」から始まる『シェマ・イスラエル』は、ユダヤ人が毎日朝夕2回、最初に唱える祈りで、申命記6・4～9に当たります。

「聞け、イスラエルよ。我らの神、主は唯一の主である。あなたは心を尽くし、魂を尽くし、力を尽くして、あなたの神、主を愛しなさい。

今日わたしが命じるこれらの言葉を心に留め、子どもたちに繰り返し教え、家に座っているときも道を歩くときも、寝ているときも起きているときも、これを語り聞かせなさい。更に、これをしるしとして自分の手に結び、覚えとして額に付け、あなたの家の戸口の柱にも門にも書き記しなさい」。（申命記6・4～9）

それから申命記11・13～22と民数記15・37～41を唱え、朝と夕べで別の祝福の言葉が続きます。数分ですべての祈りが終わります。

ラビ・イスラエル・バール・シェム・トヴは「洪水を霊的に解釈するならば、ユダヤ共同体を囲む環境である。

それによって律法の言葉に従うことが困難となり、多くの問題が生じる。我々が律法と祈りの言葉に入るなら、守られる」と教えます。

世俗化した社会の中で生きるキリスト教徒の状況は、ヨーロッパ中に散らばっているユダヤ共同体と似たようなものではないかと私は思います。ラビ・イスラエル・バール・シェム・トヴが勧めるように、私たちも祈りの言葉に入る必要があるのではないでしょうか。

私たち正教徒の祈りの始まりには決まった言葉があります。様々なところで唱えるので、私たちは暗記しています。その言葉に入ると、まるで広く暖かい箱舟に入ったような感じがします。

祈りの言葉に入るとはどういうことでしょうか。言葉は独り言として生まれることはありません。すべてのものは他のものとの関係の中に存在します。特に人間は他の人との関係の中でしか存在しません。言葉はその関係を表します。言葉は脳の中で形になる前に、まず心の中で生まれ、その心の動きはある出会いによって生まれます。出会いはある環境の中で生まれます。言葉の職人である詩人や作家は、それぞれの個性において個人や時代、文化や言語をも超える世界を表現する力を持ちます。

では、神から遠ざかっている人に向かう神の言葉（聖書）と神に向かうイスラエルの民の祈りの言葉については、どのように考えればよいのでしょうか。

神は自分を現して人に話しかけることによって、その人を話し相手として召し出します。人はどれほど神から遠いところにいても、神に向かい、その言葉を聴くだけで、みことばの世界に入ることができます。みことばに宿る神の世界に入るのです。そこに入る人は憩いと安らぎを発見します。私たちキリスト教徒は「言（ことば）は肉となった」（ヨハネ１・14）と信じています。

現代のギリシャ人神学者の言葉を紹介します。

イオニアス・ジジウラス

「聖体礼儀によって人と世界に届く神の言葉は、外面的な呼びかけではない。『肉』として我々の生活の内部に届くのである。つまり、みことばが我々の頭に知識として宿るのでも、魂に神秘的な体験として宿るのでもなく、共同体の交わりとして宿る。ハリストスは『共同体の中に』というより、『共同体として』自分自身を啓示する」（『教会的存在』）。

そのため、ハリストスは「わたしにとどまりなさい」（ヨハネ15・4〜9）と繰り返します。復活したイイススの体は個人のものではなく偉大な共同体です。その広さ、長さ、高さ、深さは計り知れません。

そこで、私は「箱舟に入りなさい」という神の命令に従うために、**ラビ・イスラエル・バール・シェム・トヴ**の勧めを実践しています。

正教会の信者が朝夕唱える祈りの入口の部分を紹介したいと思います。

「主イイスス・ハリストス神の子よ、爾が至浄の母と諸聖人との祈禱によりて、われらを憐れみたまえ、アミン」。

「主」と唱えれば、「すべて」である主に対して、自分は「無」であるという真理の中に入ります。ヨナタンの従卒と同じく、私たちも主に「わたしはあなたと一心同体です」（サムエル記上14・7）と言います。

「イイスス」と唱えれば、彼の受肉（藉身）の真理に入ります（イイススという名はユダヤ人によくある名前です）。「イイスス」と唱えれば、その心の奥深いところに入ります。奥深いところでイイススはこのように言います。「はい、『イイスス』と呼んでください。地上にいた時には、身近な弟子も誰もが私を『主』『先生』と呼んでいました。私を『イイスス』と呼んだのは私の右横で磔にされた罪人だけでした。そう呼ばれると、苦痛の中にいながらも幸せを感じました。生まれる前に天使が名付け、幼いころ母や友が呼んでいた名です。『もはや、わたしはあなたがたを僕とは呼ばない……わたしはあなたがたを友と呼ぶ』（ヨハネ15・15）と言ったように、あなたがたは私の友です」。「イイスス」と唱えれば、神の真理に入ります。その名は「神は救う」を意味します。

「ハリストス」と唱えれば、彼の使命の真理に入ります。「神の油が注がれた方」、世のために命をささげる「神の子羊」の使命の真理に。

「神の子」と唱えれば、主の復活の真理に入ります。復活した神の子は「……御子が多くの兄弟の中で長子となられた」（ローマ８・29）のです。「神の子」と唱えれば、主イイススは多くの兄弟の長子であるという真理に入ります。

「爾」と唱えれば、聖人の共同体の真理に入ります。私たちのだれもが長子と話し合うことができます。

「至浄の母と諸聖人との祈禱によりて、われらを憐れみたまえ、アミン」と唱えれば、偉大な宴の広間に入ります。そこでは「小さな一本の草が高い山々や天の星々と同じ食卓に着く」（タゴール）のです。この言葉を唱えれば、私たちは誘惑と矛盾に満ちたこの世界にいながら、すでにあの偉大な共同体の一員であるという真理に入ります。パウロが「また、あなたがたがすべての聖なる者たちと共に、ハリストスの愛の広さ、長さ、高さ、深さがどれほどであるかを理解し、人の知識をはるかに超えるこの愛を知るようになり、そしてついには、神の満ちあふれる豊かさのすべてにあずかり、それによって満たされるように」（エフェソ３・18〜19）と言うように。

入り口の祈りに続いて聖神への祈りがあります。

「天の王慰むる者よ、真実の神、在らざる所なき者、満たざる所なき者よ、万全の宝蔵なる者、生命を賜う主よ、来たりてわれらの中におり、われらを諸の穢れより潔くせよ。至善者よ、われらの魂を救いたまえ」。

この祈りによって、私たちは聖神の働きの真理に入ります。イイススが童貞女（どうていじょ）マリアから生まれたのも、ヨルダン川で満たされたのも、死者の中からよみがえったのも、ペンテコステの日に教会が生まれたのも聖神の働きです。また、私たち各々も聖神によってイイススの似姿となり、復活したハリストスの体に属する聖人の共同体に加えられます。

読者は17節から24節の洪水の描写に驚くでしょう。水は高い山々を覆い、生き物はすべて息絶えました。この静寂と孤独の中で、神は箱舟とそこに避難した人によってその存在を示します。アフガニスタンのムスリムのある聖人が晩年に書いた文章を思い出します。

「私の人生は何だったのだろうか
　太鼓の一打ちか
　横笛の調べか

どれほど計算しても
残るのは、ああ神よ、あなただけ」

新約聖書

	日本正教会訳書名	新共同訳聖書
1	マトフェイによる福音書	マタイによる福音書
2	マルコによる福音書	マルコによる福音書
3	ルカによる福音書	ルカによる福音書
4	イオアンによる福音書	ヨハネによる福音書
5	使徒行実	使徒言行録
6	イアコフの公書	ヤコブの手紙
7	ペトルの前公書	ペトロの第一の手紙
8	ペトルの後公書	ペトロの第二の手紙
9	イオアンの第一公書	ヨハネの手紙一
10	イオアンの第二公書	ヨハネの手紙二
11	イオアンの第三公書	ヨハネの手紙三
12	イウダの書	ユダの手紙
13	ロマ人に達する書	ローマの信徒への手紙
14	コリンフ人に達する前書	コリントの信徒への手紙一
15	コリンフ人に達する後書	コリントの信徒への手紙二
16	ガラティヤ人に達する書	ガラテヤの信徒への手紙
17	エフェス人に達する書	エフェソの信徒への手紙
18	フィリップ人に達する書	フィリピの信徒への手紙
19	コロサイ人に達する書	コロサイの信徒への手紙
20	フェサロニカ人に達する前書	テサロニケの信徒への手紙一
21	フェサロニカ人に達する後書	テサロニケの信徒への手紙二
22	ティモフェイに達する前書	テモテへの手紙一
23	ティモフェイに達する後書	テモテへの手紙二
24	ティトに達する書	テトスへの手紙
25	フィリモンに達する書	フィレモンへの手紙
26	エウレイ人に達する書	ヘブライ人への手紙
27	神学者イオアンの黙示録	ヨハネの黙示録
日本ハリストス正教会教団全国宣教企画委員会制作『正教会の手引き』より		

旧約聖書 -2

	日本正教会訳書名	新共同訳聖書	備　　考
29	ソロモンの知恵書	知恵の書	
30	シラフの子イイススの知恵書	シラ書〔集会の書〕	
31	オシヤ書	ホセア書	31～42までは「十二小預言書」と呼ばれる
32	アモス書	アモス書	
33	ミヘイ書	ミカ書	
34	イオイリ書	ヨエル書	
35	アウディヤ書	オバデヤ書	
36	イオナ書	ヨナ書	
37	ナウム書	ナホム書	
38	アウワクム書	ハバクク書	
39	ソフォニヤ書	ゼパニヤ書	
40	アゲイ書	ハガイ書	
41	ザハリヤ書	ゼカリヤ書	
42	マラヒヤ書	マラキ書	
43	イサイヤ書	イザヤ書	
44	イエレミヤ書	エレミヤ書	
45	ワルフ書	バルク書	
46	イエレミヤの達書	エレミヤの手紙	
47	哀歌	哀歌	
48	イエゼキイリ書	エゼキエル書	
49	ダニイル書	ダニエル書	

※ロシア語聖書には「第三エズラ記」も含まれ、全部で50書となる。
※書の順番は1994年アテネ発行の“Η　ΑΓΙΑ　ΓΡΑΦΗ”に従った。
※通し番号は便宜的に添付したもの。*斜体字*は、ＬＸＸにあってＭＴにない書。

他にも、ギリシャ語訳旧約聖書にあってヘブライ語聖書にないものとしては以下の部分などがある。

	聖詠(経中ニ加エズ)	第151詩編	
	マナッシヤの祝文	マナセの祈り	
	エスフィリ記の付加部分	エステル記（ギリシャ語）	
	ダニイル書3章24～67節、他	ダニエル書補遺	

②　聖書各巻一覧および各奉神礼書一覧

旧約聖書 -1

	日本正教会訳書名	新共同訳聖書	備　　考
1	創世記	創世記	１～５は「モーセ五書」と呼ばれる
2	エギペトを出づる記	出エジプト記	
3	レヴィト記	レビ記	
4	民数記	民数記	
5	申命記	申命記	復伝律令とも記される
6	イイスス・ナビン記	ヨシュア記	
7	士師記	士師記	
8	ルフ記	ルツ記	１～８は「旧約八書」と呼ばれる
9	列王記第一書	サムエル記上	
10	列王記第二書	サムエル記下	
11	列王記第三書	列王記上	
12	列王記第四書	列王記下	
13	歴代誌略第一巻	歴代誌上	
14	歴代誌略第二巻	歴代誌下	
15	エズドラ第一書	エズラ記（ギリシャ語）	エズラ記の書名には異同があるので要注意
16	エズドラ第二書	エズラ記	
17	ネーミヤ書	ネヘミヤ書	
18	トビト書	トビト書	
19	イウジヒ書	ユディト書	
20	エスフィリ記	エステル記	
21	第一マカワェイ書	マカバイ記一	
22	第二マカワェイ書	マカバイ記二	
23	第三マカワェイ書	（新共同訳には訳出されていない）	
24	聖詠	詩編	『聖詠経』
25	イオフ記	ヨブ記	
26	箴言	箴言	
27	伝道書	コヘレトの言葉	
28	諸歌の歌	雅歌	

日本正教会訳	一般・他宗派	モイセイ	モーセ
ノイ	ノア	ラザリ	ラザロ
ハナアン	カナン	ラヒリ	ラケル
ハリスティアニン	クリスチャン	リヤ	レア
ハリストス	キリスト	リワン	レバノン
ハルキドン	カルケドン	ルフ	ルツ
ハルデヤ	カルデヤ	ルヴィム	ルベン
パヴェル	パウロ	レヴィト	レビ
ファディ	タダイ	レヴェカ	リベカ
ファラオン	パロ（ファラオ）	ロマ	ローマ
ファリセイ	パリサイ	ロマン	ローマノス
ファヴォル	タボル	ワシリイ	バシリウス
フィリスティヤ	ペリシテ	ワヴィロン	バビロン
フィリップ	ピリポ	ワラウワ	バラバ
フィリモン	ピレモン	ワルク	バルク
フェオドル	テオドロス	ワルナワ	バルナバ
フォマ	トマス	ワルフォロメイ	バルトロマイ
ヘルヴィム	ケルビム	ワルワラ	バルバラ
ペトル	ペテロ	ヴィファニヤ	ベタニヤ
ポリカルプ	ポリカルポス	ヴィフェズダ	ベテスダ
ポンティイ・ピラト	ポンテオ・ピラト	ヴィフレエム	ベツレヘム
マカリイ	マカリオス	ヴェエルゼウル	ベルゼブル
マキシム	マクシモス	ヴェニヤミン	ヴェニヤミン
マッカウェイ	マカバイ	ヴェリアル	ヴェリアル
マディアム	ミデアン		
マトフェイ	マタイ		
マナッシヤ	マナセ		
マラヒヤ	マラキ		
マラン、アファ	マラナ・タ		
マルファ	マルタ		
マンナ	マナ		
ミハイル	ミカエル		
ミヘイ	ミカ		
メルヒセデク	メルキゼデク		

※シオンやマリヤなど一般にも共通する語は掲載していません。
※ワィ、ワェ、などはウィ、ウェ、もしくはヴィ、ヴェと表記し直しました。

日本正教会訳	一般・他宗派	コリンフ	コリント
エウレイ	ヘブル（ヘブライ）	コンダク	コンタキオン
エギペト	エジプト	ゴリアフ	ゴリアテ
エスフィリ	エステル	ゴルゴファ	ゴルゴタ
エズドラ	エズラ	サタナ	サタン
エデム	エデン	サッドゥケイ	サドカイ
エノフ	エノク	サッラ	サラ
エフェス	エペソ	サムイル	サムエル
エフレム	エフライム	サワオフ	万軍
エムマヌイル	インマヌエル	サンプソン	サムソン
エリサヴェタ	エリザベツ	ザクヘイ	ザアカイ
エリセイ	エリシャ	ザハリヤ	ザカリヤ
エルモン	ヘルモン	ステファン	ステパノ
エレナ	ヘレナ	スボタ	シャバット
エワ	エバ	セラフィム	セラピム
オサンナ	ホサナ	セルギイ	セルギウス
オシヤ	ホセア	ゼヴェデイ	ゼベダイ
オリゲン	オリゲネス	ソフォニヤ	ゼパニヤ
カイアファ	カヤパ	タルス	タルソ
カペルナウム	カペナウム	ダワィド	ダビデ
ガウリイル	ガブリエル	ダニイル	ダニエル
ガリレヤ	ガリラヤ	ダマスク	ダマスコ
キプル	キプロス	ティト	テトス
キリール	キュリロス	ティモフェイ	テモテ
ギエジイ	ゲハジ	ティワェリアダ	テベリヤ
クリト	クレタ	ディミトリイ	ディミトリオス
クリメント	クレメンス	トロパリ	トロパリオン
グリゴリイ	グレゴリオス	ナウム	ナホム
ケサリ	カエザル	ナザレト	ナザレ
ケサリヤ	カイザリヤ	ナファナイル	ナタナエル
ゲエンナ	地獄、ゲヘナ	ニケヤ	ニケア
ゲオルギイ	ゲオルギオス	ニコディム	ニコデモ
ゲフシマニヤ	ゲツセマネ	ネーミヤ	ネヘミヤ
ゲンニサレト	キンネレテ	ネストリイ	ネストリウス

正教会の用語（日本正教会訳）早見表

① 固有名詞対照表

日本正教会で使用されている人名、地名などの固有名詞の表記は、日本への正教伝道がロシア経由であったという事情で、一般や他宗派の教会とは異なるものが多くあります。その主なものを対照した表です。

日本正教会訳	一般・他宗派	日本正教会訳	一般・他宗派
アアロン	アロン	イウダ	ユダ
アウディヤ	オバデヤ	イウデヤ	ユダヤ
アウラアム	アブラハム	イエゼキイリ	エゼキエル
アウワクム	ハバクク	イエッセイ	エッサイ
アゲイ	ハガイ	イエリホン	エリコ
アナフェマ	アナテマ	イエルサリム	エルサレム
アファナシイ	アサナシウス	イエレミヤ	エレミヤ
アマリク	アマレク	イオアキム	ヨアキム
アリイ	アリウス	イオアン	ヨハネ
アリマフェヤ	アリマタヤ	イオイリ	ヨエル
アリルイヤ	ハレルヤ	イオシフ	ヨセフ
アレキサンドル	アレキサンダー	イオナ	ヨナ
アレキセイ	アレクシウス	イオフ	ヨブ
アンティオヒヤ	アンテオケ	イオルダン	ヨルダン
アントニイ	アントニウス	イグナティ	イグナティウス
アンドレイ	アンデレ	イサアク	イサク
アンナ	ハンナ	イサイヤ	イザヤ
アヴェリ	アベル	イスカリオト	イスカリオテ
ヤコブ	ヤコブ	イズライリ	イスラエル
イイスス	イエス	イリネイ	エイレナイオス
イイスス・ナワィン	ヨシュア	イリヤ	エリヤ
イウジヒ	ユディト	イロド	ヘロデ
イウスチン	ユスティノス	エルリン	ギリシャ（ヘラス）
		エウセビイ	エウセビオス

訳者紹介

佐藤弥生（さとう・やよい）

1962 年、愛知生まれ。愛知県立大学文学部国文学科卒業。1996 年よりジュセッペ三木氏のもとでイタリア語を学び、イタリア文学に親しむ。2010 年より本書の翻訳に従事する。

監修者紹介

松島雄一（まつしま・ゆういち）

1952 年香川県生まれ。印刷会社営業職を経て、1990 年正教神学院入学、1993 年卒業と同時に司祭叙聖され、今日に到る。名古屋ハリストス正教会、半田ハリストス正教会管轄司祭から現在は、大阪ハリストス正教会司祭。

百年間のカウントダウン ―― 創世記を味わう　第 5 ～ 7 章 [師父たちの食卓で 3]

2023 年 12 月 20 日 初版発行

著　者 ―― ジュセッペ 三木 一

訳　者 ―― 佐藤弥生

監修者 ―― 松島雄一

発行者 ―― 安田正人

発行所 ―― 株式会社ヨベル　YOBEL, Inc.

〒 113 - 0033 東京都文京区本郷 4 - 1 - 1 - 5F
Tel 03 - 3818 - 4851　Fax 03 - 3818 - 4858
e-mail : info@yobel. co. jp

印刷所 ―― 中央精版印刷株式会社

定価は表紙に表示してあります。
本書の無断複写（コピー）は著作権法上での例外を除き、禁じられています。
落丁本・乱丁本は小社宛にお送りください。
送料小社負担にてお取り替えいたします。

配給元 ― 日本キリスト教書販売株式会社（日キ販）
〒 162 - 0814　東京都新宿区新小川町 9-1
振替 00130 - 3 - 60976　Tel 03 - 3260 - 5670

ISBN978-4-909871-08-4 C0016　Printed in Japan

Giuseppe Miki Hajime Ⓒ 2023

聖書引用は断りのない限り聖書 新共同訳（日本聖書協会）を使用しています。

【書評再録：本のひろば二〇二〇年五月号掲載】

逃げるカインの建てた街で

ジュセッペ三木一 著　佐藤弥生 訳　松島雄一 監修

アベルのところで命を祝う――創世記を味わう　第4章［師父たちの食卓で 2］

A5判・一九二頁・一六五〇円税込

評者：日本基督教団 石巻栄光教会牧師　**川上直哉氏**

一ページ、一ページ、立ち止まり、考える。そんな読書をしました。ふと、ずいぶん昔のことを思い出しました。まだ聖書学を知らず、ただ「聖書は神の言葉」とだけ信じて、手元にある聖書の一文字一文字の意味を必死に手繰っていた、もう懐かしい昔を思い出しました。本書は、そうした読書を読者に求めるものでした。

本書は、キリスト教の伝統の全て、つまり、ユダヤ教の「旧約」聖書解釈と、東西ローマの系譜に連なる教会の聖書解釈と、そのすべての伝統に聴き、聖書を読もうとするシリーズの第二巻です。ラビも、古代教父も、中世西欧の神学者も、東方正教会の司祭も、そしてプロテスタントの代表的神学者たちも、それぞれの文脈から、同じ物語について語りだす。そこに聴き、その交響の中で「今・ここ」の文脈に聞こえるはずの御声を聞き取る。（ただ、52頁辺りには、フェミニズム神学に聴くことが不足している、とも思わされますが。）膨大な資料に加えて、自分の中に残る記憶をたどりながら「学問的にではなく、あくまでも祈りながら読む信者として考えたい」と著者は言うのです。本書はそうした努力の結晶となっています。それは、黙想というものの、この上ないモデルとなっていました。

このシリーズで著者が展開する黙想は、近代以降整備された科学としての「神学」（典型的には聖書学）とは異なっています。「神学は神のみを語り、その神は『対象』にされると常に姿を消します。神は『対象』になり得ず、『主体』でしかあり得ません。神学の主体は神であり、神学には対象はなく、主体しかないのです。神を語る学問は神の言葉で語る以外に語りようがありません。神学とは、聴くこと、従うこと、眺めることです。」という言葉に、たとえばそれは、凝縮されていました。神学論文と説教の違いは、まさにここにある。教会で求められているもの、現場で求められている言葉は、まさにこの意味での「神学」である。科学的・学問的な「神学」は、この意味での「神学」のための道具に過ぎないのだろう——そんなことを思いました。

本書が取り上げるのは創世記にある「カインとアベルの物語」です。キリスト教全体の伝統に徴する時、この物語もまた、主イエス・キリストの十字架物語に直結したものとなることを、改めて知らされます。たとえば「アベル」を「息」あるいは「自分の根源である非存在（無）」として捉え、この「自分の無」によって「人は自分を知り、神を知ることになります」と展開することが繰り返されます。そうしてこの物語は、私たちの世界の個別具体的な現場に偏在する「十字架」を照射するものとなるのです。

そして、本書は著者が生きる「今・ここ」へと黙想を広げます。具体的には「やまゆり園」の事件です。あのような巨大で不条理な出来事に霊的に切り込むこと。それを著者は本書でやり遂げているのです。説教はすべからく、そうあるべきだし、そうできるのだと、励まされます。

今、この原稿は、所謂「新型コロナウイルス」に私たちの社会が右往左往する中で書いています。今、本書の最後に描かれる「カインの建てた町」こそ、私たちの社会だ、と思わされます。そして、その町を救う手がかりまで、本書は示しているのです。今まさに、この書は読まれるべきものと思われてなりません。

ヨベルの本（税込表示）

エーティンガー著　喜多村得也訳　**聖なる哲学**　キリスト教思想の精選集

ドイツ敬虔主義著作集第8巻　信仰の根底は、神の言葉としての聖書！　18世紀ドイツを席巻した理性万能の諸哲学や観念論に敢然と立ち向かい、愚直なまでに聖書とその生命の御言葉に基づく哲学――〈聖なる哲学〉の探究に生涯をささげたF・C・エーティンガー。その希少な精選集であると共に、著者を長年私淑・研究してきたが自身の〈白鳥の歌〉ともなった記念碑的出版。

四六判上製・二八八頁・二二〇〇円　ISBN978-4-911054-07-9

日本基督教団 戸山教会牧師　西谷幸介著　**「日本教」の極点**　母子の情愛と日本人

「ヨイトマケの唄」を聴くと涙が止まらないのは、なぜ？　日本には、神道でも、仏教でも、キリスト教でもなく、「日本教」というただひとつの宗教が存在しているに過ぎないのか。人々の意識や宗教観に織り込まれた「母子の情愛」と、そこから見える日本社会の深層をたどる――。

改題改訂増補版！　新書判・二四〇頁・一四三〇円　ISBN978-4-909871-96-1

ドイツ文学　下村喜八著　**苦悩への畏敬**　ラインホルト・シュナイダーと共に

シュナイダーが生きているかぎり、ドイツは良心をもっている。　ナチス政権下にあってドイツの良心そのものを生きた詩人であり、思想家であったシュナイダー。深い敬慕を込めて辿る。著者のキリスト教理解を根底から一変させたその生き様に倣い、キリストを仰ぎ、この時代と闘う。

四六判・二五六頁・一八七〇円　ISBN978-4-909871-95-4

ジュセッペ三木一著　佐藤弥生訳　松島雄一監修　**師父たちの食卓で**　創世記を味わう第1章〜第3章

古代、中世の教会師父（教父）たちは、伝統という食卓に盛られた聖書という「ごちそう」の滋味をこよなく愛した。それは、聖書の「成立年代」「歴史的背景」「テクスト研究」など、いわば「レシピー」にばかり目を向ける近代聖書学が置き去りにした、「ごちそう」そのものへの驚くほど自由なアプローチである。

A5判・二七二頁・二四二〇円　ISBN978-4-907486-27-3

info@yobel.co.jp　Fax 03-3818-4858　http://www.yobel.co.jp/

ヨベルの本（税込表示）

ジュセッペ三木一著　佐藤弥生訳　松島雄一監修　**アベルのところで命を祝う**

創世記を味わう 第４章「師父たちの食卓で２」

人類最初の、しかも兄弟間での殺人という悲劇はいかにして起こったのか。他者への非寛容に脅かされる現代に生きる私たちがこの記事から読み取るべき使信とは！　正教会著者による『師父たちの食卓で』第２弾。相模原障害者施設殺傷事件、いわゆる「津久井やまゆり園事件」をも併せて読み解く！

Ａ５判・一九二頁・一六五〇円　ISBN978-4-909871-08-4

ヨーロッパ思想史　金子晴勇著　**東西の霊性思想**　キリスト教と日本仏教との対話

ルターと親鸞はなぜ、かくも似ているのか。キリスト者が禅に共感するのはなぜか。「初めに神が……」で幕を開ける聖書。唯一信仰に生きるキリスト教と、そもそも神を定立しないところから人間を語り始める仏教との間に対話は存在するのか。相互理解と交流の可能性を探った渾身の書。

２版　四六判上製・二八〇頁・一九八〇円　ISBN978-4-909871-536-4

富田正樹著　**疑いながら信じてる50**　新型キリスト教入門　その1

私は疑いながら信じています。キリスト教を信じる人たち（クリスチャン）の中には疑いなど全く抱かずに、まるっきり無邪気に信じ込んでしまっている人がいます。それはそれで結構……どう展開する!?

重版出来！　四六判・一九二頁・一五四〇円　ISBN978-4-909871-90-9

ルイ・ギグリオ著　田尻潤子訳　**「敵」（ヤバイ奴）に居場所を与えるな**

あなたの人生を変える――詩編23編からの発見

「死の影の谷」だけじゃない！　「あなたは敵の見ている前で、わたしのために食事を調え……」「そんなのムリ」「逃げ道はない」「あっちのほうがよかった」……こうした思いがあなたの「敵」ヤバイ奴（誘惑する者）なのだ！　主とあなたの食卓（食事の席）に「敵」を着かせてはならない。

四六判上製・二四六頁・一八七〇円　ISBN978-4-909871-41-1

info@yobel.co.jp　Fax 03-3818-4858　http://www.yobel.co.jp/

ヨベルの本（税込表示）

〔ヨーロッパ思想史〕

金子晴勇 キリスト教思想史の諸時代 別巻2

アウグスティヌスの『三位一体論』を読む

若き日の取り組みから70年を経て、ついに完成した『三位一体論』の詳細なコメンタリー。古代キリスト教最大の成果であるこの教義を【カリタス＝聖い愛】の本性から解明した書。

2024年1月刊行予定【最終回配本】新書判・二七二頁・一三二〇円

全巻7巻別巻2完結！

各巻平均二六四頁
一三二〇円（税込）
（本体一二〇〇円＋税）

キリスト教思想史の諸時代［全7巻別巻2］

Ⅰ ヨーロッパ精神の源流［既刊 2刷］
Ⅱ アウグスティヌスの思想世界［既刊 在庫僅少］
Ⅲ ヨーロッパ中世の思想家たち［既刊］
Ⅳ エラスムスと教養世界［既刊］
Ⅴ ルターの思索［既刊］
Ⅵ 宗教改革と近代思想［既刊］
Ⅶ 現代思想との対決［既刊］
別巻1 アウグスティヌスの霊性思想［既刊］
別巻2 アウグスティヌス『三位一体論』を読む

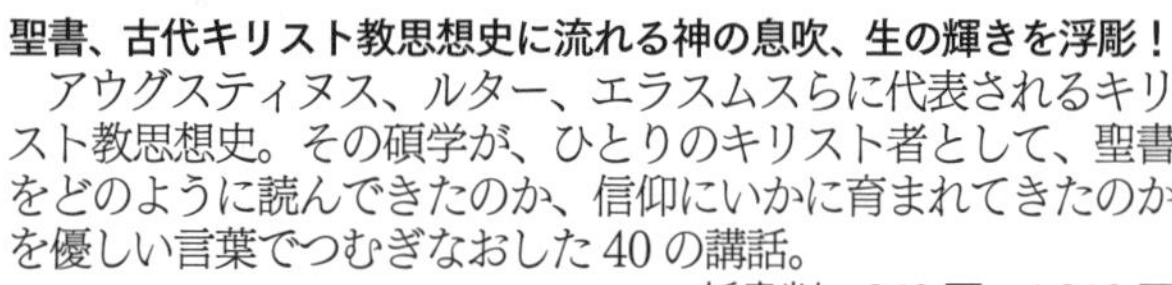

聖書、古代キリスト教思想史に流れる神の息吹、生の輝きを浮彫！

アウグスティヌス、ルター、エラスムスらに代表されるキリスト教思想史。その碩学が、ひとりのキリスト者として、聖書をどのように読んできたのか、信仰にいかに育まれてきたのかを優しい言葉でつむぎなおした40の講話。

新書判・240頁・1,210円

info@yobel.co.jp FAX03−3818−4858 http://www.yobel.co.jp/